LETTRES
ANGLOISES

TOME QUATRE.

SECONDE PARTIE.

LETTRES

ANGLOISES,

OU

HISTOIRE

DE MISS

CLARISSE HARLOVE.

TOME QUATRE.

SECONDE PARTIE.

A LONDRES,

Chez NOURSE, Libraire, dans
le Strand.

M. DCC. LI.

HISTOIRE
DE
CLARISSE
HARLOVE.
TOME QUATRIEME.
SECONDE PARTIE.

LETTRE CLXX.

Miſs Clarisse Harlove, à Miſs Howe.

Mardi au ſoir, 16 de Mai.

ONSIEUR Lovelace vient de m'envoier, par Dorcas, le Mémoire ſuivant.

» Je me ſers de ma plume,
» non - ſeulement pour épargner votre
» délicateſſe & pour vous obéïr, mais

» pour vous mettre en état de com-
» muniquer mes idées à Miſs Howe, qui
» pourra conſulter, dans cette occaſion,
» ceux d'entre ſes amis à qui vous jugerez
» à propos d'accorder votre con-
» fiance : je dis votre confiance,
» parce que j'ai fait entendre, comme
» vous le ſavez, à d'autres perſonnes, que
» nous ſommes actuellement mariés.

» En premier lieu, Mademoiſelle,
» j'offre de vous aſſurer la jouiſſance
» particuliére de votre propre terre,
» & d'y joindre quatre cens livres ſter-
» ling annuels ſur le bien que j'ai dans le
» Comté de Lancaſtre, qui vous feront
» paiées par quartier, pour votre propre
» & ſeul uſage.

» Le fond de mon revenu eſt de deux
» mille livres ſterling. Milord M.....
» propoſe de me céder, le jour de notre
» mariage, ou ſa terre de Lancaſtre,
» à laquelle je puis dire en paſſant, que
» je crois avoir plus de droit que lui ; ou
» celle de Median dans le comté d'Her-
» ford, & de mettre celle que je choi-
» ſirai ſur le pied de mille livres ſterling
» annuelles.

» Un excès de mépris pour l'opinion
» des hommes a ſouvent expoſé ma
» conduite à de mauvaiſes interpréta-

» tions. Je dois par conſequent vous aſ-
» ſurer, en homme d'honneur, qu'au-
» cune partie de mon bien n'a jamais été
» engagée, & que malgré la depenſe
» exceſſive que j'ai faite dans les païs
» étrangers, je compte d'être acquité
» au terme prochain de tout ce que je
» dois au monde. Tous mes principes
» ne ſont pas condamnables. On m'a
» cru généreux dans ma dépenſe : je ne
» me ſerois pas jugé digne de ce nom,
» ſi je n'avois commencé par être juſte.
» Comme votre Terre eſt actuellement
» entre les mains de votre pere, ſi vous
» ſouhaitez que je vous aſſigne le même
» revenu ſur les miennes, vos volontés
» là-deſſus feront ma regle. J'engagerai
» Milord M.... a vous marquer de ſa
» propre main ce qu'il a deſſein d faire
» pour nous, ſans qu'il paroiſſe que ce
» ſoit vous qui le deſiriez, & pour faire
» voir ſeulement, qu'on ne prétend
» tirer aucun avantage de la ſituation où
» vous êtes à l'égard de votre famille.
» Pour faire éclater ma parfaite con-
» ſidération, je vous laiſſerai la diſpo-
» ſition libre de toutes les ſommes pro-
» venues de la ſucceſſion de votre grand-
» pere, & du revenu accumulé de votre
» bien, qui doit être entre les mains de

» votre pere. Je ne doute pas qu'il ne
» vous fasse là-dessus des demandes con-
» sidérables. Vous aurez le pouvoir de
» les accorder, pour votre propre tran-
» quilité. Le reste sera remis entre vos
» mains. Vous en ferez l'usage auquel
» vous serez portée par ces généreuses
» inclinations qui vous ont fait tant
» d'honneur dans le monde, & pour
» lesquelles vous n'avez pas laissé d'es-
» suier quelque censure dans votre fa-
» mille.

» A l'égard des habits, des diamans
» & des autres ajustemens de cette na-
» ture, mon ambition sera, que pour en
» avoir de convenables à notre rang,
» vous n'aiez point obligation à ceux
» qui ont eu la stupidité d'abandonner
» une fille dont ils ne sont pas dignes.
» Il me semble, Mademoiselle, que
» vous ne devez pas vous offenser de
» cette reflexion. Vous douteriez de ma
» sincérité, si j'étois capable de les trai-
» ter autrement, quoiqu'il vous appar-
» tiennent de si près.

» Voilà mes propositions, Made-
» moiselle. Ce sont les mêmes que j'ai
» toujours eu dessein de vous offrir,
» lorsqu'il me seroit permis de toucher
» une si délicieuse matière. Mais vous

» avez paru si déterminée à tenter toutes
» sortes de méthodes pour vous recon-
» cilier avec votre famille , en offrant
» même de renoncer pour jamais à moi,
» que vous avez cru faire un acte de jus-
» tice , de me tenir éloigné jusqu'à l'é-
» claircissement . de votre plus chere es-
» pérance. Elle est éclaircie. Quoique
» j'aie toujours regreté , & que peut-
» être je regrette encore , de n'avoir
» pas obtenu la préférence que j'aurois
» souhaité de Miss Clarisse Harlove , il
» n'est pas moins sur que le mari de
» Madame Lovelace sera bien plus porté
» à l'adorer , qu'à reprocher à cette di-
» vine femme les tourmens qu'elle lui a
» causés. C'est de mes implacables en-
» nemis, qu'elle avoit appris à douter de
» ma justice & de ma générosité. Dail-
» leurs , je suis persuadé qu'une ame si
» noble n'auroit pas pris plaisir à me faire
» souffrir , si ses doutes n'avoient été en-
» tretenus par de fortes apparences de
» raison ; & je me flatte de pouvoir
» penser, pour ma consolation , que l'in-
» différence aura cessé , au moment que
» les doutes auront disparu.

» J'ajoûte seulement, Mademoiselle,
» que si j'ai omis quelque chose qui
» puisse vous plaire , ou si le detail pré-

>> cédent ne répond point à vos vûes,
>> vous aurez la bonté d'y joindre ou d'y
>> changer ce que vous jugerez à propos.
>> Lorsque je connoîtrai vos intentions,
>> je ferai dresser aussitôt les articles, dans
>> la forme que vous désirerez; afin qu'il
>> n'y manque rien de ce qui dépend de
>> moi pour votre bonheur.

>> C'est à vous, Mademoiselle, qu'ap-
>> partient à présent la decision de tout
>> le reste.

Vous voiez, ma chere, quelles sont ses offres. Vous voiez que c'est ma faute s'il ne me les a pas faites plûtot. Je suis une étrange personne! Être blâmable sur tous les points, & blamable aux yeux de tout le monde! Cependant, n'avoir pas de mauvaise intention; & n'appercevoir le mal que lorsqu'il est trop tard, ou si près d'être trop tard, qu'il faut renoncer à toute délicatesse pour reparer ma faute!

C'est à moi qu'appartient à présent la décision de tout le reste! Avec quelle froideur il conclut des propositions si ardentes, & contre lesquelles il ne me paroît pas qu'il y ait d'autre objection! N'auriez-vous pas cru, en les lisant, qu'il alloit

finir par des inftances , pour me faire
nommer le jour ? J'avoue que je m'y
attendois, jufqu'au point d'avoir été choquée de me voir trompée. Mais quel
moien d'y remédier ? J'ai peut-être à
faire, bien d'autres facrifices. Il me femble qu'il faut dire adieu à toute délicateffe. Cet homme, ma chere, ignore
ce qui eft connu de tous les hommes
fages ; c'eft-à-dire , que la prudence , la
vertu & la delicateffe de fentimens , font
plus d'honneur au mari dans fa femme ,
qu'elles ne lui en feroient dans lui-même
fi toutes ces qualités manquoient à fa
Moitié. Les erreurs d'une femme ne
tournent elles pas à la honte de fon mari?
Heureufement , il n'en eft pas de même
de celles de l'homme par rapport à fa
femme.

Je ferai de nouvelles réflexions fur ce
Memoire , & j'y repondrai par écrit , fi
j'en ai la force ; car il paroît à préfent
que la décifion m'appartient.

LETTRE CLXXI.

Miss Clarisse Harlove, à Miss Howe.

Mercredi matin, 17 de Mai.

MOnsieur Lovelace auroit souhaité d'engager la conversation hier au soir ; mais je n'étois pas préparée à raisonner sur ses propositions. Mon dessein est de les examiner à tête reposée. Sa conclusion m'a extrêmement déplû. D'ailleurs il est impossible avec lui, de se retirer de bonne heure. Je le priai de remettre notre entretien au lendemain.

Nous nous sommes vus, dans la salle à manger, dès sept heures du matin. Il s'attendoit à me trouver des regards favorables ; que sais-je ? peut-être un air de reconnoissance ; & j'ai remarqué au sien, qu'il étoit fort surpris de ne me pas voir repondre à son attente. Il s'est hâté de parler : mon très-cher amour, êtes-vous en bonne santé ? Pourquoi cet air de reserve ? votre indifférence ne finira-t'elle jamais pour moi ? Si j'ai proposé quelque chose qui ne reponde pas à vos intentions.....

Je lui ai dit , qu'il m'avoit laiſſé fort prudemment la liberté de communiquer ſes propoſitions à Miſs Howe , & de con-ſulter quelques amis par ſon moien ; que j'aurois bientôt l'occaſion de lui envoïer le Memoire ; & qu'il falloit remettre à nous entretenir de cette matière lorſque j'aurois reçu ſa réponſe.

Bon Dieu ! Je ne laiſſois pas échapper la moindre occaſion , le plus leger pré-texte pour les délais. Mais il écrivoit, à ſon oncle , pour lui rendre compte des termes où il étoit avec moi : & comment pouvoit-il finir ſa lettre avec un peu de ſatisfaction pour Milord & pour lui-même , ſi je n'avois pas la bonté de lui apprendre ce que je penſois de ſes pro-poſitions ?

Je pouvois l'aſſurer d'avance , ai-je répondu , que le principal point pour moi étoit de me reconcilier & de bien vivre avec mon pere ; qu'à l'égard du reſte , ſa généroſité le porteroit ſans doute à faire plus que je ne déſirois ; que par conſequent , s'il n'avoit pas d'autre motif , pour écrire , que de ſavoir ce que Milord M..... vouloit faire en ma faveur , c'étoit une peine qu'il pouvoit s'épargner ; parce que mes deſirs , par rapport à moi-même, ſeroient plus aiſés à satisfaire qu'il ne paroiſſoit ſe l'imaginer.

Il m'a demandé ſi je permettois du moins qu'il parlat de l'heureux jour , & qu'il priât ſon oncle de me ſervir de pere dans cette occaſion ? Je lui ai dit que le nom de pere avoit un ſon bien doux & bien reſpectable pour moi : que je ſerois charmée d'avoir un pere , qui me fit la grace de me reconnoître.

N'étoit ce pas m'expliquer aſſez ? Qu'en penſez vous , ma chere ? Cependant il eſt vrai que je ne m'en ſuis apperçue qu'après y avoir fait reflexion , & que mon deſſein alors n'étoit pas de parler ſi librement ; car , dans le tems même, j'ai penſé à mon propre pere , avec un profond ſoupir , & le plus amer regret de me voir rejetrée de lui & de ma mere. M. Lovelace m'a paru touché , & de ma reflexion & du ton dont je l'avois prononcée.

Je ſuis bien jeune , M. Lovelace , ai-je continué , en detournant le viſage pour eſſuier mes larmes ; & je ne laiſſe pas d'avoir éprouvé deja beaucoup de chagrins. Je n'en accuſe que votre amour. Mais vous ne devez pas être ſur-pris que le nom de pere faſſe tant d'im-preſſion, ſur le cœur d'une fille toujours ſoumiſe & reſpectueuſe avant que de

vous avoir connu , & dont la tendre jeunesse demande encore l'œil d'un pere.

Il s'est tourné vers la fenêtre. Rejouis-
sez vous avec moi, ma chere Miss Howe,
(puisqu'il faut que je sois à lui) de ce
qu'il n'a pas le cœur tout à fait impéné-
trable à la pitié. Son émotion étoit visi-
ble. Cependant , il s'est efforcé de la
surmonter. Il s'est rapproché de moi. Le
même sentiment l'a forcé encore une fois
de se tourner. Il lui est échappé quelques
mots , parmi lesquels j'ai entendu celui
d'*Angelique*. Enfin , retrouvant un cœur
plus conforme à ses desirs , il est revenu
à moi. Après y avoir pensé, m'a-t'il dit ,
Milord M...étant sujet à la goute, il crai-
gnoit que le compliment dont il venoit
de parler , ne devint l'occasion d'un plus
long délai;& c'étoit se préparer à lui-même de nouveaux sujets de chagrin.

Je n'ai pû repondre un seul mot là-
dessus ; vous le jugez bien ma chere.
Mais vous devinez aussi ce que j'ai pensé
de ce langage. Tant de profondeur ,
avec un amour si passionné ! Tant de
menagement , tout d'un coup , pour un
oncle auquel il a si peu rendu jusqu'à
présent ce qu'il devoit ! Pourquoi, pourquoi mon sort, ai-je pensé en moi-même,
me rend-t'il l'esclave d'un tel homme !

A vj

Il a héfité, comme s'il n'eût point été
d'accord avec lui-même ; il a fait un tour
ou deux dans la falle. Son embarras, a-
t'il dit en marchant, étoit extrême à
fe déterminer, parce qu'il ignoroit
quan il feroit le plus heureux des hommes. Que ne pouvoit-il connoître ce
précieux moment ! Il s'eft arrêté pour
me regarder. (Croiez-vous, ma très-
chere Mifs Howe, que je n'aie pas befoin d'un pere ou d'une mere !) Mais,
a-t'il continué, s'il ne pouvoit m'engager auffitôt qu'il le fouhaitoit à fixer
un jour, il croioit, dans ce cas, qu'il
pouvoit faire le compliment à Milord,
comme ne le pas faire ; puifque dans
l'intervalle on pourroit dreffer les articles, & que ce foin adouciroit fon impatience ; fans compter qu'il n'y auroit pas
de tems perdu.

Vous jugerez encore mieux combien
j'ai été frappée de ce difcours, fi je vous
repète mot pour mot ce qui l'a fuivi.
» Sur fa foi, j'étois fi refervée, mes
» regards avoient quelque chofe de fi
» miftèrieux, qu'il ne favoit pas fi
» dans le moment qu'il fe flattoit de me
» plaire, il n'en étoit pas plus éloigné
» que jamais. Daignerois je lui dire, fi
» j'approuvois, ou non, le compliment

» qu'il vouloit faire à Milord M....?

Il m'est revenu heureusement à l'esprit, ma chere, que vous ne voulez pas
que je le quitte. Je lui ai repondu :
» assurement, M. Lovelace, si cette
» affaire doit jamais se conclure, il doit
» être fort agréable pour moi, d'avoir
» une pleine approbation d'un côté, si
» je ne puis l'obtenir de l'autre.

Il m'a interrompue avec une chaleur
extrême. » Si cette affaire doit se con-
» clure ! Juste Ciel ! quels termes pour
» les circonstances ! Et parler d'*appro-*
» *bation* ! tandis que l'honneur de mon
» alliance faisoit toute l'ambition de sa
» famille. Plût au Ciel, mon très - cher
» amour!a-t'il ajoûté dans le même transf-
» port, que sans faire de compliment à
» personne, demain, pût - être le plus
» heureux jour de ma vie ! Qu'en dites-
» vous, chere Clarisse ! (avec un air
» tremblant d'impatience, qui ne pa-
» roissoit point affecté). Que dites-vous
» de demain?

Il ne pouvoit pas douter, ma chere,
que je n'eusse beaucoup à dire contre un
tems si court, & que je n'eusse nommé
un jour plus éloigné, quand le délai
qu'il avoit deja proposé m'y auroit laissé
plus de disposition.

Cependant, me voiant garder le silence, il a repris : » Oui, demain, » Mademoiselle ; ou après demain, ou » le jour suivant ! & me prenant les deux » mains, il m'a regardée fixement, » pour attendre ma reponse.

Cette ardeur, fausse ou sincère, m'a rendue confuse. Non, non ! lui ai-je dit. Il n'y a aucune raison de se presser si fort. Il sera mieux, sans doute, que Milord puisse être présent.

Je ne connois pas d'autres loix que vos volontés, m'a-t'il repondu aussitôt, d'un air de résignation ; comme s'il n'eût fait que se rendre effectivement à mes desirs, & qu'il lui en eût coûté beaucoup pour me faire le sacrifice de son empressement. La modestie m'obligeoit d'en paroître contente. C'est du moins ce que j'ai jugé. Que n'ai-je pû ! … mais que servent les souhaits.

Il a voulu se *recompenser*, terme qu'il avoit emploié dans une autre occasion, de la violence qu'il se faisoit pour m'obeïr, en me donnant un baiser. Je l'ai repoussé avec un juste & très-sincére dedain. Mon refus a paru le surprendre & le chagriner. Son Mémoire, apparemment, l'avoit mis en droit de tout attendre de ma reconnoissance. Il m'a dit net-

tement, que dans les termes où nous
étions, il se croioit autorisé à des libertés
de cette innocence, & qu'il étoit sensi-
blement affligé de se voir rejetté d'un air
si méprisant. Je n'ai pû lui repondre, &
je me suis retirée assez brusquement. En
passant devant un trumeau, j'ai remarqué, dans la glace, qu'il portoit le poing
à son front ; & j'ai entendu quelques
plaintes, où j'ai demêlé les mots, d'*indifference*, *& de froideur qui approchoit de
la haîne*. Je n'ai pas compris le reste.

S'il a dessein d'écrire à Milord ou à Miss
Montaigu, c'est-ce que je ne puis assurer. Mais comme je dois renoncer
maintenant à toute délicatesse, peut-être
suis-je blamable d'en attendre d'un homme qui la connoit si peu. S'il est vrai
qu'il ne la connoisse pas, & que s'en
croiant beaucoup, néanmoins, il soit resolu
d'être toujours le même, je suis plus à
plaindre qu'à blâmer. Après tout, puisque mon sort m'oblige de le prendre tel
qu'il est, il faut m'y resoudre. J'aurai
un homme vain, & si accoutumé à se voir
admirer, que ne sentant pas ses défauts
intérieurs, il n'a jamais pensé qu'à
polir que ses dehors. Comme ses
propositions surpassent mon atttente, &
que dans ses idées il a beaucoup à souffrir

de moi , je suis refolue , s'il ne me fais
pas de nouvelle offenfe , de répondre à
fon Mémoire ; & j'aurai foin que mes
termes foient à couvert de toute objection de fa part, comme les fiens le font de
la mienne.

Au fond , ma chere , ne voïez - vous
pas de plus en plus combien nos efprits
fe conviennent peu ?

Quoiqu'il en foit , je veux bien com-
pofer pour ma faute , en renonçant, fi
ma punition peut fe borner là , à tout ce
qu'on appelle bonheur dans cette vie ,
avec un mari tel que j'appréhende qu'il
né foit : en un mot , je confens à mener
jufqu'à la fin de mes jours, une vie fouf-
frante dans l'état du mariage. Le fup-
plice ne fauroit être bien long.

Pour lui, cet évenement & les remords
qu'il fentira d'en avoir mal ufé avec fa
prémière femme, pourront le rendre plus
traitable pour une feconde , quoi-qu'il
puiffe arriver qu'elle n'en foit pas plus
digne ; pendant que tous ceux qui ap-
prendront mon hiftoire en tireront ces
inftructions: que le yeux font des traîtres,
auxquels on ne doit jamais fe fier ; que la
figure eft trompeufe ; en d'autres termes,
que la beauté du corps & celle de l'ame
fe trouvent rarement unies: enfin que les

bons principes & la droiture du cœur sont les seules bases sur lesquelles on puisse fonder l'espérance d'une vie heureuse, soit pour ce monde ou pour l'autre.

C'en est assez sur les propositions de M. Lovelace. J'en attens votre opinion.

CL. HARLOVE.

(*L'Editeur se borne ici à quelques extraits de quatre lettres de M. Lovelace, écrite à son ami depuis la datte de la dernière, qui contiennent, dit-il, les mêmes détails qu'on a vus dans celles de Miss Clarisse, mais dont les traits suivans meritent néanmoins d'être conservés).*

>> Que serois-je devenu, moi & mes
>> projets, si son pere & toute son im-
>> placable famille n'avoient pas travaillé
>> pour mes intérêts ? Il est évident
>> que si sa négociation avoit eu le moin-
>> dre succès, elle me quittoit sans re-
>> tour, & que je n'aurois pas été capable
>> d'arrêter cette resolution ; à moins que
>> je n'eusse pris celle d'abbattre l'arbre
>> par les racines, pour arriver au fruit ;
>> tandis qu'avec un peu de patience jus-
>> qu'au tems de la maturité, j'espère
>> encore qu'il suffira de le secouer dou-
>> cement.

» Après la hauteur avec laquelle elle
» m'a traité, j'exige qu'elle s'explique
» nettement. Il y a mille beautés à dé-
» couvrir dans le visage, dans l'accent,
» & dans tout l'embarras d'une femme,
» qui veut amener un point qu'elle de-
» sire impatiemment, & qui ne sait
» comment s'y prendre. Un sot, qui se
» picqu de générosité, croira se
» faire un merite de lui épargner cette
» confusion; mais c'est une sottise en
» effet. Il ne voit pas qu'il se dérobe à
» lui même le plaisir du spectacle, &
» qu'il lui ôte l'avantage de déploier une
» infinité de charmes, qui ne peuvent
» éclater que dans ces occasions. La
» dureté de cœur, pour le dire entre
» nous, est essentiel au caractère d'un li-
» bertin. Il doit être familiarisé avec
» les chagrins auxquels il donne occa-
» sion; & des attendrissemens de com-
» plaisance seroient une foiblesse indigne
» de lui. Combien de fois ai-je joui de
» la confusion ou du dépit d'une femme
» charmante, étant assis vis-à-vis d'elle,
» & voiant ses yeux livrés à l'admira-
» tion de mes boucles; ou à l'étude de
» quelque figure bizarre sur le plancher?

En parlant de son Mémoire & des articles, il dit : » Je suis de bonne foi sur

» ce point. Si je l'époufe, comme je
» n'en doute pas, lorſque ma fierté,
» mon ambition, & ma vangeance ſi
» tu veux, feront satisfaites, je ſuis re-
» ſolu de lui rendre noblement juſtice;
» d'autant plus que tout ce que je ferai
» pour une femme ſi prudente & ſi re-
» glée, ce fera le faire pour moi-même.
» Mais par ma foi, Belford, ſon or-
» gueil fera humilié à reconnoître
» qu'elle m'aime, & qu'elle m'a quel-
» que obligation. Ne crains pas que
» cette efquiffe d'articles me mene
» plus loin que je ne veux. La modeſtie
» du fexe me fecondera toujours. A
» l'Autel même, nos mains l'une dans
» l'autre, je ferois fur de faire quitter
» à cette fiere beauté, le Prêtre, moi,
» vingt amis, s'ils étoient préfens, &
» tandis que nous nous regarderions
» comme des fous, de lui faire prendre
» des aîles pour s'envoler par la porte,
» ou par la fenêtre, ſi la porte étoit fer-
» mée; & cela, mon ami, d'une
» feule parole.

Il fe rappelle fa téméraire expreffion ;
*qu'elle feroit fa femme, au prix même de fa dam-
nation éternelle.* Il avoue, que dans le
même inſtant, il avoit été prêt d'employer
la violençe : mais qu'il avoit été comme

repouſſé par un mouvement de terreur, en jettant les yeux ſur ſon charmant viſage , où malgré la triſteſſe & l'abbattement , il avoit cru voir la pureté de ſon cœur dans chaque traît.

    » O vertu ! vertu ! continue-t'il ,
» qu'y a-t'il donc en toi , qui puiſſe faire
» cette impreſſion forcée ſur un cœur
» tel que le mien ! D'où peuvent venir
» ces tremblemens involontaires , &
» cette crainte de cauſer une mortelle
» offenſe ? Qui es-tu , pour agir avec
» tant de force dans une foible femme ,
» & pour jetter l'effroi dans l'eſprit d'un
» homme intrépide ? Jamais tu n'eus
» tant de pouvoir ſur moi ; non , pas
» même dans mon prémier eſſai , jeune
» comme j'étois alors , & fort embar-
» raſſé de ma propre hardieſſe juſqu'au
» moment du pardon.

Il peint des plus vives couleurs cette partie de la ſcéne , où Miſs Clariſſe lui à dit , » que le nom de pere avoit pour
» elle un ſon doux & reſpectable :

    » Je ne te diſſimule pas que je me ſuis
» ſenti vivement touché. La honte d'être
» ſurpris dans cet accès de tendreſſe ef-
» feminée , m'a fait faire un effort pour
» le ſubjuguer auſſitôt , & pour me tenir
» plus en garde à l'avenir. Cependant

» j'ai presque regreté de ne pouvoir ac-
» corder à cette charmante fille la satif-
» faction de jouir de son triomphe Sa
» jeunesse, sa beauté, son innocence, &
» cet air d'affliction que je ne puis dé-
» crire, sembloient meriter un instant
» de complaisance : mais son indiffe-
» rence, Belford ! cette resolution de
» me sacrifier à la malignité de mes en-
» nemis ! cette hardiesse, d'avoir con-
» duit son dessein par des voies clandes-
» tines ; tandis que je l'aime à la fureur
» & que je la revére jusqu'à l'adoration!
» C'est avec le secours de ces idées que
» j'ai fai reprendre courage à mon traître
» cœur. Cependant je vois, que si le
» courage ne l'abandonne point elle-
» même, il faut qu'elle l'emporte. Elle
» a déja fait un lâche de moi, qui n'ai
» jamais connu la lâcheté.

Il finit sa quatrième lettre par des em-
portemens de fureur, à l'occasion du refus qu'elle a fait de lui laisser prendre un
baiser. Il avoit espèré, comme il l'avoue,
de ne lui trouver que de la condescen-
dance & de la bonté après ses propositions.

» C'est une offense, dit-il, que je

» n'oublierai jamais. Compte que je
» m'en souviendrai, pour rendre mon
» Cœur d'acier, & capable de fendre
» le rocher de glace que j'ai à traverser
» jusqu'au sien ; pour la paier avec usure,
» du dedain, du mepris, qu'elle a fait
» éclater dans ses yeux en me quittant ;
» après la conduite obligeante que j'a-
» vois tenue avec elle ; après mes instan-
» ces pour obtenir qu'elle me nommât
» le jour. Les femmes de cette maison
» prétendent qu'elle me hait, qu'elle
» me méprise. Rien n'est si vrai. J'ouvre
» les yeux. Elle me hait. Elle doit me
» haïr. Pourquoi ne suivrois-je pas le
» conseil qu'on me donne ? Il faut le
» suivre.... Je ne serai pas longtems
» méprisé de l'une, & raillé des autres.

Il ajoûte que son dessein de le quitter,
si ses parens avoient voulu la recevoir, &
la liberté qu'elle a prise, Dimanche
dernier, de faire venir un carosse, dans
la resolution, peut-être, de ne pas re-
paroître si elle étoit sortie seule, (car ne
lui a-t'elle pas déclaré qu'elle pense à
se retirer dans quelque Village voisin de
la Ville). l'ont allarmé si vivement,
qu'il s'est hâté de donner de nouvelles instructions par écrit, aux gens de la maison, sur la manière dont ils doivent se

conduire, supposé qu'elle entreprit de s'échapper dans son absence. Il a particuliérement instruit son valet de chambre de ce qu'il doit dire aux étrangers, s'il arrivoit qu'elle implorât le secours de quelqu'un pour favoriser sa fuite. Suivant les circonstances, dit-il, il joindra d'autres précautions à ses ordres.

LETTRE CLXXII.

Miss Howe, à Miss Clarisse Harlove.

Jeudi, 18 de Mai.

JE n'ai, ma chere amie., ni le tems ni la patience de répondre à tous les articles de votre lettre, que je viens de recevoir. Les propositions de M. Lovelace sont l'unique chose que j'approuve de lui. Cependant je pense, comme vous, qu'elles ne finissent point avec la chaleur & l'empressement auquel nous devions nous attendre. De ma vie, je n'ai rien entendu, ni rien lu, qui approche de sa patience, avec son bonheur entre ses mains. Mais, entre-vous & moi, ma chere, je m'imagine que le Miserables

de fon efpèce n'ont pas les mêmes ardeurs
qu'on voit aux honnêtes gens. Qui fait,
comme votre fœur Bella le difoit dans fon
dépit , s'il n'a pas une donzaine de créatures dont il faut qu'il fe défafse avant que
de former un engagement pour la vie ?
Au fond je ne crois pas que vous deviez
vous attendre à le voir honête homme,
avant fa grande année climaterique.

Lui, prendre prétexte , pour des délais,
d'un compliment qu'il eft obligé de faire
à Milord M.... ! lui, dont le caractère
eft de n'avoir jamais connu ce que c'eft
que la complaifance pour fes proches! La
patience me manque. Il eft bien vrai,
ma chere , que vous auriez eu befoin de
l'intervention d'un ami, dans l'interef-
fante occafion qui faifoit le fujet de votre
lettre d'hier matin. Mais, fur ma parole,
fi j'avois été dans votre fituation, & traitée comme vous me l'avez écrit, je lui
aurois arraché les yeux ; après quoi,
j'aurois laiffé, à fon proprec œur, le foin de
lui en apprendre la raifon.

Plût-au-Ciel que fans être obligé de faire
de compliment à perfonne, fon jour heureux
fût demain ! L'infame ; Après avoir commencé par vous faire fentir la néceffité
du compliment ! Et n'eft-ce pas fur vous,
après cela , qu'il rejette le delai ? Mifé-
rable

rable qu'il est ! Que mon cœur souffre !

Mais dans les termes où vous êtes ensemble, mes ressentimens sont hors de saison. Cependant je ne sais pas non plus s'ils le sont ; puisque le plus cruel destin, pour une femme, est de se voir forcée de prendre un homme que son cœur méprise. Il est impossible que vous ne le méprisiez pas ; du moins, par intervalles. Il a porté le poing au front, lorsque vous l'avez quitté en colère : que son poing n'étoit il une hâche, dans les mains de son plus mortel ennemi ?

Je veux m'efforcer de tirer de ma tête quelque methode, quelque invention pour vous délivrer de lui, & pour vous fixer dans un lieu sur, jusqu'à l'arrivée de votre cousin Morden ; une invention qui soit toujours prête, & que vous puissiez suivre dans l'occasion. Vous êtes sure, dites-vous, de pouvoir sortir quand il vous plaît ; & vous l'êtes aussi, que notre correspondance est à couvert. Cependant, par les mêmes raisons que je vous ai représentées, & qui regardent votre reputation, je ne puis souhaiter que vous le quittiez, aussi longtems qu'il ne vous donnera pas sujet de soupçonner son honneur. Mais je juge que votre cœur seroit plus tranquille, si vous pouviez compter sur une retraite, dans le cas de la nécessité.

Je repète encore une fois, que je n'ai pas la moindre notion qu'il puisse ou qu'il ose former le dessein de vous outrager. Mais il en faut donc conclure que c'est un fou, ma chere ; voilà tout.

Puisque le sort, néanmoins, vous jette entre les mains d'un fou, soiez la femme d'un fou à la prémière occasion : & quoique je ne doute point qu'il ne soit le plus difficile des fous à gouverner, comme sont tous les fous qui ont de l'esprit & de la vanité, prenez-le comme un châtiment, puisque vous ne sauriez le prendre comme une recompense ; en un mot, comme un mari que le Ciel vous donne, pour vous convaincre qu'il n'y a dans cette vie que des imperfections.

Mon impatience sera extrême, jusqu'à l'arrivée de votre prémière lettre.

ANNE HOWE.

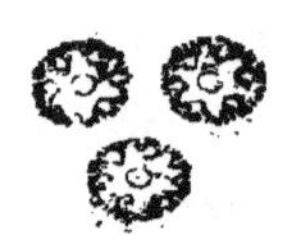

LETTRE CLXXIII.

M. BELFORD, à M. LOVELACE.

Mercredi, 17 Mai.

L'Amitié ne me permet pas de vous cacher ce qui vous intéresse autant que la letre que je vous communique. Vous y verrez ce qu'on appréhende de vous, ce qu'on souhaite de vous, & combien tous vos proches ont à cœur que vous teniez une conduite honorable à l'égard de Miss Clarisse Harlove. Ils me font l'honneur de m'attribuer sur vous un peu d'influence. Je souhaiterois, de toute mon ame, d'en avoir autant qu'ils le croient dans cette occasion.

Qu'il me soit permis, Lovelace, de t'exhorter encore une fois, avant qu'il soit trop tard, avant que la mortelle offense soit commise, à faire de serieuses réflexions sur les graces & le merite de ta Dame. Puissent tes fréquens remords en produire un solide! Puissent ton orgueil & la legereté de ton cœur ne pas ruiner les plus belles espèrances! Par ma foi,

B ij

Lovelace, il n'y a que vanité, illusion & fottife, dans tous nos fiftémes de libertinage. Nous deviendrons plus fages en vieilliffant. Nous jetterons les yeux en arrière fur nos folles idées préfentes, & nous nous mépriferons nous-mêmes, après avoir perdu notre jeuneffe, lorfque nous nous rappellerons les engagemens honorables que nous aurions pû former; toi particuliérement, fi tu laiffes échapper l'occafion de t'affurer une femme incomparable, pure depuis le Berceau, noblement uniforme dans fes actions & dans fes fentimens, conftante dans fon refpect mal recompenfé pour le plus deraifonnable des peres. Quelle femme, pour l'heureux homme qui lui fera prendre ce titre !

Confidére auffi ce qu'elle fouffre pour toi. Actuellement, tandis que tu inventes des fiftêmes pour fa ruine, du moins dans le fens qu'elle attache à ce terme, ne gemit-elle pas fous la malediction d'un pere, qu'elle ne s'eft attirée qu'à l'occafion & pour l'amour de toi ? Voudrois-tu donner fa force & fon effet à cette malediction ?

Et de quoi fe flatte ici ton orgueil ? Toi, qui t'imagines follement que toute la famille des Harloves & celle même des Howes, ne font que des machines, que tu fais fervir fans qu'elles le fachent à tes projets de libertinage & de vangeance ; qu'es-tu toi-même, que l'inftrument d'un frere implacable & d'une fœur jaloufe, pour caufer toutes fortes de chagrins & de difgraces à la plus excellente fœur du monde ? Peux-tu fouffrir, Lovelace, qu'on te regarde comme la machine de ton ancien ennemi James Harlove ? N'eft-tu pas même la duppe d'une ame encore plus vile! ce Jofeph Leman, qui fe fert bien plus, par tes liberalités, qu'il ne te fert toi-même par le double rolle que tu lui fais jouer. Ajoûte que tu es auffi l'agent du diable, qui peut feul te recompenfer comme tu le merites, & qui n'y manquera pas je t'affure, fi tu perfiftes dans ton noir deffein & fi tu l'executes.

Quel autre que toi pourroit faire, avec autant d'indifference que j'en remarque dans tes termes, les queftions que tu me fais dans ta dernière lettre ? Relis les ici, cœur de diamant ! » Ou » fuiroit elle pour m'éviter. Ses parens » ne la recevront point. Ses oncles ne » fourniront point à fa fubfiftance. Sa » chere Norton dépend d'eux & n'eft » point en état de lui faire des offres.

>> Mifs Howe n'oferoit la recevoir. Elle
>> n'a point à Londres d'autre ami que
>> moi , & la Ville eft un païs étranger
>> pour elle. Quel doit être le cœur qui
eft capable de triompher d'une fi profonde
affliction , où elle ne fe trouve plongée
que par tes inventions & tes artifices ? Et
quelle douce. mais trifte reflexion, que la
fienne , qui a prefque amoli ta dureté,
à l'occafion du nom de pere , fous lequel
tu lui propofois Milord M.... pour le
jour de la célébration ? La tendreffe de
fon âge lui faifoit fouhaiter un pere , lui
faifoit efpèrer un ami. Ah ! cher Lovelace , te refoudras-tu à devenir un demon
pour elle , au lieu du pere que tu lui as
ravi ?

Tu fais que je n'ai aucun intérêt , que
je ne puis avoir aucune vûe , en fouhai-
tant que tu rendes juftice à cette admirable fille. Pour l'amour de toi-même,
je t'en conjure encore une fois , pour
l'honneur de ta famille , pour celui de
notre humanité commune , fois jufte à
l'égard de Clariffe Harlove.

N'importe fi ces inftances conviennent à mon caractère. J'ai été & je fuis
encore affez méchant. Si tu reçois mon
confeil , qui eft, comme tu le verras
dans la lettre de ton oncle, celui de toute

ta famille , peut-être auras tu raifon de me dire , que tu n'es pas plus méchant que moi. Mais fi ton cœur s'endurcit contre mes reproches , & fi tu ne refpe-êtes pas tant de vertus ; toute la méchanceté d'une legion de Diables, lâchés dans une trouppe d'ames innocentes avec plein pouvoir de leur nuire , ne commet-troit pas autant de mal , ni un mal auffi noir que celui dont tu veux te rendre coupable.

On dit ordinairement que la vie d'un Monarque , affis fur fon Trône , n'eft pas en fureté , s'il fe trouve quelque de-fefpèré qui méprife la fienne. On peut dire de même que la vertu la plus pure n'eft point à couvert , s'il fe trouve un homme qui compte pour rien fon propre honneur , & qui fe faffe un jeu des pro-teftations & des vœux les plus folemnels.

Tu peux , par tes rufes , tes chicanes , tes fauffes couleurs , toi qui eft pire en amour qu'un Demon en méchanceté , vaincre une pauvre fille que tu as trouvé le moien d'embarraffer dans tes filets , & que tu as privée de toute forte de protec-tion. Mais confidére s'il ne feroit pas plus jufte & plus généreux à fon égard, plus noble à l'égard de toi-même , d'étouffer tes miférables défirs.

B iv

Il importe peu, je le repéte, si mes actions passées ou futures répondent à mon *sermon*, comme tu nommeras peut-être ce que je t'écris. Mais voici ce que je te promets solemnellement : lorque je trouverai dans une femme la moitié des perfections de Miss Harlove, je prendrai l'avis pour moi, & je me marierai, si l'on consent à m'accepter. Il ne m'arrivera pas de vouloir éprouver son honneur aux dépens du mien. En d'autres termes, je ne degraderai point une excellente fille à ses propres yeux par des épreuves, lorsque je n'aurai aucune raison de la soupçonner ; & j'ajoûte (par rapport à la merveilleuse utilité qu'on peut tirer, a ton avis, de l'épreuve d'une fille sage & innocente, plûtot que de celle des filles ordinaires) que je n'ai point à mes reprocher une fois dans ma vie, d'avoir ruiné les mœurs d'aucune personne de ce sexe, qui fût faite pour vivre sage sans mes sollicitations C'est être assez coupable, que de contribuer à la continuation du désordre dans celles qui s'y sont dejà livrées, & d'empêcher qu'elles ne se relevent lorsqu'une fois elles sont tombées.

Enfin, quelque parti que l'esprit infernal dont tu suis l'étendard puisse te faire prendre à l'égard de cette incomparable personne, j'espère que tu en useras avec honneur par rapport à la lettre que je te communique. Ton oncle desire, comme tu verras, que je te laisse ignorer qu'il m'a écrit sur cette matière, par des raisons qui ne sont pas trop glorieuses pour toi. Je me flatte aussi que tu prendras les marques de mon zèle dans leur veritable sens. Tout à toi,

BELFORD.

LETTRE CLXXIV.

Milord M.... à M. BELFORD.

Lundi, 15 *de Mai.*

MONSIEUR,

SI quelqu'un au monde a de l'ascendant sur l'esprit de mon neveu, c'est vous. Cette raison me porte à vous écrire, pour vous demander votre entremise dans l'affaire qui est entre lui & la plus accomplie de toutes les femmes; du moins suivant le témoignage que tout le monde lui

B v

rend , & *ce que tout le monde penſe, doit être vrai* (*).

J'ignore qu'il ait aucun mauvais deſ-
fein ſur elle ; mais je connois trop bien
ſon caractère pour ne pas être allarmé
d'un ſi long délai. Les Dames d'ici ont eu
quelque tems les mêmes craintes. Ma
ſœur Sadleir , en particulier, (vous ſavez que c'eſt une femme ſage) prétend
que dans les circonſtances préſentes , le
délai doit moins venir de la Demoiſelle
que de lui. Il eſt certain qu'il a toujours
eu beaucoup d'averſion pour le mariage.
Qui ſait , s'il ne penſe point à lui jouer
quelque mauvais tour , comme il en a
joué à tant d'autres ? Le mieux feroit
de le prévenir; car *après l'événement le con-*
ſeil arrive trop tard.

Il a toujours eu la folie & l'impertinence de ſe mocquer du goût que j'ai
pour les proverbes. Mais les regardant
comme la ſageſſe de toutes les Nations &
de tous les ſiécles , raſſemblée dans un
petit nombre de paroles , je n'ai pas honte
d'emploier un langage qui contient plus
de ſageſſe que les ennuieuſes harangues
de nos Prédicateurs & de nos Moraliſtes.

____

(*) M. Lovelace a fait remarquer pluſieurs fois, que
ſon oncle étoit un homme ſimple & grand partiſan
des proverbes.

Qu'il en rie , s'il le veut. Vous & moi ,
M. Belford , nous favons mieux ce qu'il
en faut penfer. *Quoique vous frequentiez un
loup, vous n'avez pas appris à hurler avec lui.*

Cependant , il ne faut pas lui faire connoître que je vous aie écrit là-deffus. J'ai
honte de le dire ; mais il m'a toujours
traité comme un homme d'un fens médiocre : & peut-être n'auroit-il pas meilleure opinion d'un confeil, s'il favoit qu'il
lui vint de moi.

Je fuis fur qu'il n'a aucune raifon de me
méprifer. Il fe trouvera bien d'être mon
neveu , s'il me furvît : quoi qu'un jour il
m'ait dit en face , que je pouvois difpofer
à mon gré de mon bien , & que pour lui
il aimoit autant la liberté qu'il méprifoit
l'argent. Il s'eft imaginé , je fuppofe ,
que je *ne pouvois le couvrir de mes ailes
fans le picquer de mon bec.* Cependant je ne
l'ai jamais picqué fans quelque bonne
raifon ; & Dieu fait que je lui donnerois
mon fang , s'il vouloit s'attacher un peu
à m'obliger pour fon propre bien. C'eft
tout ce que je defire de lui. Il eft vrai
que fa pauvre mere à commencé à le ga-
ter , & qu'enfuite , j'ai eu trop d'indul-
gence pour lui. Belle difpofition ! direz-
ous , *de rendre le mal pour le bien.* Mais
telle a toujouts été fa méthode.

B v j

Comme tout le monde parle avec admiration de la prudence & de la bonté de cette jeune personne, j'ai l'espérance que ce mariage pourroit le faire rentrer en lui-même. Si vous trouviez le moien de l'y déterminer, je le mettrois en état de rendre les articles aussi avantageux qu'il peut les souhaiter, & je ne serois pas éloigné d'y joindre la possession actuelle d'une fort belle terre. Pourquoi suis-je au monde, comme je le dis souvent, si ce n'est pour le voir marié & bien établi ; lui & mes deux niéces ? Puisse le Ciel lui inspirer de meilleurs principes, avec un peu plus de bonté d'ame & de considération !

Si les délais viennent de lui, je tremble pour la Demoiselle. S'ils viennent d'elle, comme il l'écrit à ma niéce Charlotte, je souhaiterois qu'on fît entendre à cette jeune personne que *les délais sont dangereux*. Toute excellente qu'elle est, je puis l'assurer qu'elle ne doit pas faire trop de fond sur son merite, avec une tête si variable & un ennemi si déclaré du mariage. Je sais, Monsieur, que vous êtes capable de lâcher à propos quelques bons avis. *Une parole est assez pour le sage.*

Mais je voudrois sur-tout, que vous

vissiez un peu ce que vous pouvez obtenir de lui ; car je l'ai averti si souvent de
ses mauvaises pratiques, que je commence à défespérer de mes propres ex-
hortations. Repréfentez-lui, *que la van-*
geance n'en est pas moins sure, pour se faire
attendre. Il pourra l'éprouver, s'il se
conduit mal dans cette occasion. Quelle
pitié qu'avec tant de lumières & de bonnes qualités, il ne fût jamais qu'un vil
libertin ! Helas ! helas ! *une poignée de*
bonne vie, vaut mieux que plein muid de
favoir *.

Vous pouvez hazarder, comme fon
ami, que s'il abufoit trop de mon affection, il n'est pas trop tard pour me re-
marier. Mon vieil ami Wycherley prît
le même parti, dans un âge plus avancé
que le mien, pour faire enrager fon neveu.
Ma goutte n'empêcheroit pas que je ne
pusse avoir un ou deux enfans. J'avoue
même qu'il m'en est venu quelque penfée, lorfqu'il m'a caufé quelque chagrin
extraordinaire. Mais je me fuis refroidi,
en faifant reflexion que les enfans des
perfonnes âgées, qui veulent faire les
jeunes gens (je ne fuis pas non plus de la
dernière vielleffe) ne jouiffent pas d'une
longue vie, & *qu'un vieillard qui époufe*

---

* Vieux Proverbe François, que les Anglois ont
adopté en propres termes.

une jeune femme travaille, dit-on, *à creuser sa fosse*. Cependant, qui sait si le mariage ne seroit pas bon pour l'humeur goutteuse dont je suis tourmenté ?

Les sentences que je mêle exprès dans mon stile peuvent vous être de quelque utilité dans l'entretien que vous aurez avec mon neveu. Mais emploiez-les avec ménagement, de peur qu'il ne reconnoisse *dans quel carquois vous avez pris vos fleches.*

Fasse le Ciel, M. Belford, que vos bons conseils, fondés sur les ouvertures que je viens de vous donner, pénétrent son cœur & l'excitent à prendre un parti aussi avantageux pour lui-même, que nécessaire pour l'honneur de cette admirable personne, dont je souhaiterois qu'il eût deja fait sa femme. Alors je renoncerai tout à fait au mariage.

S'il étoit capable d'abuser de la confiance qu'elle a eue pour lui, je serois le premier à solliciter la vangeance du Ciel. *Raro, raro......* J'ai oublié mon latin, mais je crois que c'est, *raro antecedentem scelestum deseruit pede pœna claudo.* Lorsque le vice marche devant, tôt ou tard la vangeance le suit.

Je ne vous fais pas d'excuse pour la peine où je vous engage. Je sais combien vous êtes de ses amis & des miens. Vous n'aurez jamais une si belle occasion de nous rendre service à tous deux, qu'en preffant ce mariage. Avec quelle joie vous embrafferai-je après le fuccès ? En attendant, vous me ferez un plaifir extrême de me marquer quelles font vos efpèrances. Je fuis, mon cher Monfieur, votre, &c.

M. Lovelace ne s'étant pas hâté de répondre à cette lettre, M. Belford lui en écrivit une autre, pour lui marquer la crainte qu'il avoit de lui avoir déplu par fon honête franchife. Il lui dit; » qu'il » s'ennuie beaucoup à *Watford*, où il » continue d'attendre la mort de fon » oncle, & que c'eft une raifon de plus » pour fouhaiter de n'être pas privé de fes » lettres. Pourquoi me punirois-tu, ajoute-t'il, d'avoir plus de confcience & de remords que toi, qui ne t'es jamais fait un honneur d'en avoir beaucoup ? Dailleurs, j'ai à te faire un recit affez trifte, qui regarde notre ami Belton & fa Thomafine, & qui fera une bonne leçon pour tous ceux qui font dans le goût d'entretenir des Maîtreffes.

J'ai reçu depuis peu des lettres de nos trois affociés Ils ont toute ta méchanceté, fans avoir ton efprit. Les deux autres fe vantent de quelques nouvelles entrepriſes , qui me paroiſſent mériter la corde , ſi le ſuccès répond à leurs eſpérances.

Je ſuis fort éloigné de haïr l'intrigue , lorſqu'elle porte ſur quelque principe. Mais que des perſonnages de cette eſpèce s'aviſent de former des ſiſtèmes & de les confier au papier ſans cet aſſaiſonnement & cette pointe qui eſt ton talent , je t'avoue que j'en ſuis revolté & que leurs lettres me choquent beaucoup. Pour toi , Lovelace , quand tu t'obſtinerois à ſuivre ton miſérable plan , ne refuſe pas d'aider un peu à me délivrer de ma péſanteur par ton agréable correſpondance , s'il te reſte quelque deſir d'obliger ton mélancolique ami ,

BELFORD.

LETTRE CLXXV.

M. LOVELACE , à M. BELFORD.

Vendredi au ſoir , 19 de Mai.

LOrſque je me ſuis ouvert ſi librement avec toi , & que je t'ai déclaré que ma principale vûe eſt uniquement de mettre la vertu à l'épreuve ; ſur ce fondement, que si la vertu est solide, elle n'a rien à redouter, & que le mariage fera sa recompense, du moins, si je ne puis parvenir à lui faire gouter une vie plus libre, qui seroit à la vérité le charme de mon cœur; je suis étonné de te voir revenir sans cesse à tes ridicules propos.

Je pense, comme toi, que dans quelque tems, lorsque je serai devenu plus sage, je conclurai » qu'il n'y a que va- » nité, folie, extravagance, dans nos » sistèmes libertins. Mais à quoi cela re- » vient-il, si ce n'est à dire qu'il faut da- » bord être plus sage ?

Mon dessein n'est pas, comme tu parois le craindre, *de laisser échapper de mes mains cette incomparable fille*. Es tu capable de dire à sa louange la moitié de ce que j'ai dit, & de ce que je ne cesse de dire & d'écrire ? Son tiran de pere l'a chargée de sa malediction, parce qu'elle l'a privé du pouvoir de lui faire accepter malgré elle un homme qu'elle déteste. Tu sais que de ce côté-là, le merite qu'elle s'est fait dans mon cœur est des plus médiocres. Que son pere soit un tiran, est-ce une raison pour moi de ne pas mettre à l'épreuve une vertu que j'ai

deſſein de recompenſer ? Pourquoi , je
te prie , ces reflexions éternelles ſur une
ſi excellente fille , comme s'il te paroiſſoit certain qu'elle ne reſiſtera point au
creuſet ? Tu me repêtes dans toutes tes
lettres , que reſſerrée comme elle eſt dans
mes filets, ſa chute eſt infaillible ; & c'eſt
ſa vertu néanmoins que tu fais ſervir de
prétexte à tes inquiétudes.

Tu me nommes l'*inſtrument* du vil James Harlove ! Que je ſuis tenté de te
maudire ! Oui , oui , je ſuis l'inſtrument
de cet odieux frere, de cette ſœur jalouſe:
mais ſois attentif au ſpectacle , & tu
verras quel ſera le ſort de l'un & de l'autre.

N'allegue pas contre moi une ſenſibilité que j'ai reconnue ; une ſenſibilité qui
te jette en contradiction, lorſque tu reproches enſuite à ton ami d'avoir un cœur
de diamant ; enfin , une ſenſibilité que
tu ne connoîtrois gueres ſi je ne te
l'avois communiquée.

Ruiner tant de vertu ! m'oſes tu dire.
Inſuportable monotonie ! Et puis, tu as
le front d'ajouter ɔɔ que la vertu la plus
ɔɔ pure peut être ruinée par ceux qui
ɔɔ n'ont aucun égard pour l'honneur,
ɔɔ & qui ſe font un jeu des ſermens les
plus ſolemnels. Quelle ſeroit à ton avis,

la vertu qui pourroit être ruinée sans
sermens ? Le monde n'est-il pas plein de
ces douces tromperies ; & depuis un
grand nombre de siécles, les sermens de
l'amour ne passent-ils pas pour un badi-
nage ? Dailleurs, les précautions contre
la perfidie de notre sexe ne font-elles pas
une partie nécessaire de l'éducation des
femmes ?

Mon dessein est de me vaincre moi-
même ; mais je veux tenter auparavant
de vaincre la belle Clarisse. Ne t'ai-je
pas dit que l'honneur de son sexe est in-
téressé dans cette épréuve ?

*Lorsque tu trouveras dans une femme la
moitié seulement de ses perfections, tu te
marieras.* A la bonne heure. Marie toi,
Belford.

Une Fille est-elle donc dégradée par
l'épreuve, lorsquelle y résiste ?

Je suis bien aise que tu te fasses un reproche de ne pas travailler à la conversion
des pauvres Misérables qui ont été rui-
nées par d'autres que toi. Ne crains pas
les récriminations auxquelles tu pourrois
t'attendre, lorsque tu te vantes de n'avoir
jamais ruiné les mœurs d'une jeune créature que tu aies crue capable de demeurer sage. Ta consolation me paroît celle
d'un Hottentôt, qui aime mieux exercer

fa gloûtonerie fur de fales reftes , que de
reformer fon goût. Mais toi , qui fais le
prude , aurois tu refpecté une fille telle
que mon Bouton de rofe , fi mon exemple ne t'avoit pas picqué d'honneur ? Et
ce n'eft pas la feule fille que j'aie épargnée.
Lorfqu'on a reconnu mon pouvoir , qui
eft plus généreux que ton ami ?

》　C'eft la refiftance qui enflamme les
》　defirs , & qui aiguife les traits de l'a-
》　mour. Il eft défarmé , lorfqu'il n'a
》　rien à vaincre : il languit , il perd le
》　foin de plaire (*).

Les femmes ne l'ignore pas plus que
les hommes. Elles aiment de la vivacité
dans les foins qu'on leur rend. De-là
vient , pour le dire en paffant , que l'a-
mant vif , empreffé , eft fi fouvent pré-
feré au froid mari. Cependant le beau
fexe ne confidére pas que c'eft la varieté
& la nouveauté qui donnent cette ardeur;
& que fi le libertin étoit auffi accoutumé
que le mari à leurs faveurs , elles ne lui
feroient pas moins indifferentes. Que les
belles prennent cette leçon de moi : l'art
de plaire confifte , pour une femme , à
paroître toujours nouvelle.

Revenons. Si ma conduite ne te paroît
pas affez juftifiée par cette lettre & par les

(*) Quatre Vers.

dernières, je te renvoie à celle du 13 d'Avril. Je te supplie, Belford, de ne mé pas mettre dans la néceffité de te repèter fi fouvent les mêmes chofes. Je me flatte que tu relis plus d'une fois ce que je t'écris.

Tu me fais affez bien ta cour, lorfque tu parois craindre mon reffentiment, jufqu'à ne pouvoir être tranquille fi je laiffe paffer un jour fans t'écrire. C'eft ta confcience, je le vois clairement, qui te reproche d'avoir mérité ma difgrace : & fi elle t'en a convaincu, peut-être empéchera-t'elle que tu ne retombes dans la même faute. Tu feras bien d'en tirer ce fruit ; fans quoi, prens garde que fachant à préfent comment je puis te punir, je ne le faffe quelquefois par mon filence ; quoique je prenne autant de plaifir à t'écrire fur ce charmant fujet, que tu peux en prendre à me lire.

Marque à Milord que tu m'as écrit ; mais garde-toi de lui envoier la copie de ta lettre. Quoiqu'elle ne contienne qu'un tas de raifonnemens mal digérés, il pourroit croire qu'elle n'eft pas fans force. Les plus pauvres argumens nous paroiffent invincibles, lorfqu'ils favorifent nos defirs. Le ftupide Pair s'imagine peu que fa niéce future foit rebelle à l'amour. Il

eſt perſuadé au contraire , & tout l'uni-
vers penſe comme lui , qu'elle s'eſt engagée volontairementſous mon étendard,
Qu'en arrivera-t'il ? que je ſerai blâmé,
& qu'on la plaindra s'il arrive quelque
choſe de mal.

Mais puiſque Milord paroît avoir ce
mariage à cœur , j'ai deja pris le parti de
lui écrire , pour lui apprendre » qu'une
» malheureuſe prévention inſpire à ma
» Belle des défiances qui ne ſont pas trop
» généreuſes ; qu'elle regrette ſon pere
» & ſa mere , & que ſon penchant la
» porteroit plûtot à retourner au Châ-
» teau d'Harlove qu'à ſe marier ; qu'elle
» appréhende même que la démarche
» qu'elle a faite de partir avec moi,
» n'ait fait prendre une mauvaiſe idée
» d'elle aux Dames d'une maiſon telle
» que la notre. Je le prie de m'écrire
» une lettre que je puiſſe lui montrer ;
» quoique ce point, lui dis-je, demande
» d'être touché delicatement. Je lui laiſſe
» la liberté de me traiter auſſi mal qu'il
» voudra , & je l'aſſure que je rece-
» vrai tout de bonne grace , parce que
» je ſais qu'il a du goût pour le *ſtile cor-*
» *rectif.* Je lui dis , que pour les avan-
» tages qu'il me deſtine , il eſt le maître
» de ſes offres , & que je lui demande

» l'honneur de sa présence à la célébra-
» tion, afin que je tienne de sa main le
» plus grand bonheur qu'un mortel
» puisse m'accorder.

Je n'ai pas déclaré absolument à ma
charmante que mon dessein fût d'écrire
à Milord ; quoique je lui aie fait entre-
voir que je prendrois cette resolution.
Ainsi, rien ne m'obligera de produire la
reponse. S'il faut te parler naturellement,
je ne serois pas bien aise d'emploier des
noms de ma famille pour avancer mes
autres desseins. Cependant je dois tout assurer, avant que de jetter le masque. C'est
le motif que j'ai eu en amenant la Belle
ici. Tu vois par consequent que la lettre
du vieux Pair ne pouvoit venir plus à
propos. Je t'en remercie.

A l'égard de ses sentences, il est impossible qu'elles produisent jamais un bon
effet sur moi. J'ai été suffoqué de bonne
heure *par sa sagesse des Nations*. Dans
mon enfance, je ne lui ai jamais fait
aucune demande, qui n'ait fait sortir un
proverbe de sa bouche ; & si le sens de
la sage maxime tournoit au refus, il ne
falloit point espèrer d'obtenir la moindre
faveur. J'en avois conçu tant d'aversion
pour le seul mot de proverbe, qu'aussitôt qu'on m'eût donné un Précepteur,

qui étoit un fort honête Ministre, je lui déclarai que jamais je n'ouvrirois ma Bible, s'il ne me dispensoit d'en lire un des plus sages Traités, contre lequel néanmoins je n'avois pas d'autre sujet d'objection que son titre. Pour Salomon, je l'avois pris en haîne, non à cause de sa Poligamie, mais parce que je me le représentois comme un vieux maussade personnage, tel que mon oncle.

Laissons, je te prie, les vieux dictons aux vieilles gens. Que signifient tes ennuieuses lamentations sur la maladie de ton Parent ? Tout le monde ne convient-il pas qu'il n'en peut revenir ? Le plus grand service que tu aurois à lui rendre, feroit d'abreger sa misère. J'apprens qu'il est encore infesté de Médecins, d'Apoticaires & de Chirurgiens ; que toutes les opérations ne peuvent pénétrer jusqu'au siége du mal, & qu'à chaque visite, à chaque scarification, ils prononcent sur lui la sentence d'une mort inevitable. Pourquoi prennent-ils plaisir à faire durer ses tourmens ? N'est-ce pas pour enlever sa *toison*, plûtot que des lambeaux de sa chair ? Lorsqu'un malade est désespèré, il me semble qu'on devroit cesser de paier les Médecins. Tout ce qu'ils prennent est un vol qu'ils font

aux

aux héritiers. Si le testament est tel que tu le souhaites, que fais-tu près du lit d'un Moribond? Il t'a fait appeller, dis-tu. Oui, pour lui fermer les yeux. Ce n'est qu'un oncle après tout. Un oncle & rien de plus. De quel air tu te signes *mon mélancolique ami*! De quoi mélancolique? De voir un Mourant? d'être témoin d'un combat entre un vieillard & la mort? je te croiois plus homme. Toi, qu'une mort aigue, que la pointe d'une épée n'effraie pas, être si consterné du spectacle d'une maladie chronique! Les scarificateurs s'exercent tous les jours; sur quoi? sur un cadavre. Prens exemple des grands *Bouchers*, des *Bourreaux* fameux, pires mille fois que ton ami Lovelace, qui font, dans l'espace d'un jour, dix mille veuves & deux fois autant d'orphelins. Ils obtiennent à ce prix le nom de *Grands*. Apprens d'eux à soutenir la vûe d'une mort ordinaire.

Je souhaiterois que mon oncle m'eut donné l'occasion de te fortifier par un meilleur exemple. Tu aurois vû jusqu'où j'aurois poussé le courage; & si je t'avois écrit dans cette conjoncture, voici comment j'aurois fini ma lettre; » J'espère que le vieux Troien jouit d'un heureux fort ; le mien l'eſt dans cette eſpérance, & je ſuis, ton joieux ami,

LOVELACE.

Ne t'arrête pas toujours au même ſujet, Belford. Raconte moi l'hiſtoire du pauvre Belton. Si mes ſervices peuvent lui être utiles, dis-lui, qu'il peut diſpoſer de ma bourſe & de ma perſonne ; mais plus librement néanmoins de ma bourſe ; car le moien de quitter ma Déeſſe ? Je donnerai ordre à mes autres Vaſſaux de ſe tenir prêts à t'obéïr. Si vous avez beſoin d'un chef, vous me le ferez ſavoir ; mais j'entre pour ma part dans tous les frais.

LETTRE CLXXVI.

M. BELFORD, à M. LOVELACE.

Samedi, 20 Mai.

N'Attens pas un mot de réponſe aux miſérables propos dont ta dernière lettre eſt remplie. J'abandonne ta charmante maîtreſſe à la protection des puiſ-

fances qui ont la vertu des miracles, &
à la force de son propre mérite, Je ne
suis pas encore sans espérance dans l'une
ou l'autre de ces deux ressources.

Il faut te raconter, comme tu le désires,
l'histoire du pauvre Belton ; d'autant plus
volontiers qu'elle m'a jetté dans une suite
de reflexions sur notre vie passée, sur notre
conduite présente, & sur nos vûes pour
l'avenir, qui peuvent nous être utiles à
tous deux, si je puis donner quelque
poids à mes idées.

Le Malheureux Belton m'est venu
voir, Jeudi dernier, dans la triste situation où je suis. Il a commencé par des
plaintes de sa mauvaise santé & de l'ab-
batement de ses esprits, de sa toux héti-
que, & de son crachement de sang, qui
ne fait qu'augmenter ; après quoi, il est
entré dans le recit de son infortune.

L'avanture est détestable, & ne sert
pas peu à l'augmentation de ses autres
maux. On a su que sa *Thomasine*, qui
n'espéroit pas moins que de finir par le
mariage, avec un homme qu'elle fei-
gnoit d'aimer à l'idolatrie, entretenoit
depuis longtems un commerce secret
avec un valet de son pere, qui tient,
comme tu sais, une Hôtellerie à *Darking*,
& qu'elle en a fait un homme du bel air

aux dépens du pauvre Belton. Elle a ménagé cette intrigue avec beaucoup d'art. Notre ami, dans la confiance de son cœur, lui avoit abandonné la clé de sa caffette, & le soin de rembourser une rente considérable sur la principale partie de son bien, dont il souhaitoit ardemment d'être délivré. Elle n'a pû rendre compte de plusieurs grosses sommes qu'elle a reçues pour cet usage; & n'aiant pas paié plus fidellement la rente, elle l'expose aujourdhui à perdre le fond, par les chicanes obstinées de ses créanciers. Comme elle passe depuis longtems pour sa femme, il ne sait quel parti prendre à son égard, ni par rapport à deux petits enfans, pour lesquels il avoit une si vive tendresse, en supposant qu'ils étoient à lui, mais ausquels il commence à douter s'il a quelque part.

On n'a donné le commencement de cette Lettre que pour en faire connoître le sujet, & pour jetter du jour sur quelques endroits de la lettre suivante. Le reste contient des réflexions sur le caractere commun des Maîtresses entretenues, auquel Belford établit qu'il n'y a point de confiance à prendre.

LETTRE CLXXVII.

M. LOVELACE, à M. BELFORD.

Samedi, 20 de Mai.

JE suis assez content des sobres réflexions de ta dernière lettre, & je t'en fais mes remercimens. Pauvre Belton ! Je ne me serois guéres imaginé que sa Thomasine fût capable de cet excès de mechanceté. Mais tel sera toujours le danger de ceux qui entretiendront une fille de basse naissance. C'est ce qui ne m'est jamais arrivé : & je n'ai pas eu besoin de cette ressource. Un homme tel que moi, Belford, »n'a jusqu'à »présent qu'à sécouer le plus grand arbre, »& le meilleur fruit lui tombe dans la »bouche. Toujours dans le goût de *Montagne*, comme tu fais ; c'est-à-dire, persuadé qu'il y a de la gloire à subjuguer une fille de bonne maison. Le progrès de la seduction a réellement plus de charmes pour moi que l'acte qui le couronne. C'est une vapeur, le transport d'un instant. Je te remercie cordialement de cette approbation indirecte que tu donnes à mon entreprise presente.

Avec une jeune personne telle que Miss Harlove, un homme est à couvert de tous les inconveniens sur lesquels ton éloquence s'est exercée.

Encore une fois, Belford, je te rens grace de l'encouragement que tu me donnes. On n'a pas besoin, comme tu dis, de se cacher dans un trou, & de finir le jour avec une compagne telle que Miss Clarisse. Que tu es aimable, de flatter si agréablement le desir favori de mon cœur ? Ce ne sera pas non plus une honte pour moi, de laisser à une fille comme elle la liberté de prendre mon nom : & je m'embarrasserai peu de la censure du public, si je vis avec elle jusqu'à l'âge de discretion dont tu parles ; quand il devroit m'arriver à la fin d'y être pris, & de consentir quelque jour à marcher avec elle dans le bon vieux chemin de mes ancêtres.

Que le Ciel te benisse, mon honête ami! Lorsque tu plaidois pour le mariage, en faveur de la Belle, je me suis figuré que tu badinois, ou que tu ne prenois ce ton que par complaisance pour mon oncle. Je savois bien que ce n'étoit pas par principe, que ce n'étoit pas par compaſſion. A la verité, je te ſoupçonnois d'un peu d'envie : mais à préſent, c'eſt toi-même. Je te reconnois, & je repète encore ; que le Ciel te béniſſe, mon honête & mon veritable ami !

LOVELACE.

Mon courage va redoubler pour l'exécution de tous mes ſiſtêmes, & je te ferai le plaiſir de t'informer fidellement de la continuation de mes progrès. Mais je n'ai pû m'empêcher d'interrompre mon hiſtoire, pour t'exprimer ma re-connoiſſance.

LETTRE CLXXVIII.

M. LOVELACE, à M. BELFORD.

Samedi, 20 de Mai.

IL faut te faire la peinture de notre ſituation.

Grands & petits, nous ſommes tous extrêmement heureux. Dorcas eſt dans les bonnes graces de ſa Maîtreſſe. Polly lui a demandé ſon conſeil ſur une propofition de mariage qui le regarde : jamais Oracle n'en donna de meilleur. Sally, à l'occafion d'une petite querelle avec fon Marchand, a pris ma Charmante pour arbitre. Elle a blâmé Sally de tenir une conduite tiranique avec un homme dont elle eft aimée. Chere petite perfonne ! Etre devant le miroir, & fermer les yeux dans la crainte de s'y reconnoître ! Madame Sinclair a fait fa cour à un juge fi infaillible, en lui demandant fon avis fur le mariage de fes deux niéces.

Nous fommes fur ce pied, depuis plufieurs jours, avec les gens de la maifon. Cependant on mange toujours feule. On ne leur accorde pas fouvent l'honneur de fa compagnie dans les autres tems. Ils font acoûtumés à fa méthode. Ils ne la preffent point. C'eft la perfevérance qui l'emportera. Lorfqu'on fe rencontre, tout fe paffe fort civilement de part & d'autre. Je crois, Belford, que dans le mariage même, on éviteroit quantité de querelles fi l'on fe voioit rarement.

Mais comment fuis-je moi-même avec la Belle, depuis ce brufque départ & ce refus incivil de Mercredi matin ? C'eft ta demande, n'eft-ce pas ? En vérité fort-bien, mon ami. Pourquoi ferois-je mal avec elle ? La chere petite impe

tinente n'a point de secours à tirer d'elle-
même. Elle n'a pas d'autre protection à
se promettre. D'ailleurs, elle a pleine-
ment entendu (qui se seroit défié qu'elle
pût être si proche ?) une conversation
que j'eus le même jour avec Madame
Sinclair & Miss Martin ; & son cœur en
est devenu plus tranquille sur divers
points douteux. Tels sont particuliérement :

Le malheureux état de Madame Fretchvill. La pauvre femme ! Miss Martin,
feignant de la connoître, ne manque
point de la plaindre fort humainement.
Elle & le mari qu'elle a perdu s'étoient
aimés dès le berceau. La pitié se communique d'un cœur à l'autre. Il est impossible que toutes les circonstances d'une
si grande douleur, représentées par une
fille aussi tendre que Miss Martin,
n'aient pas fait une extrême impression
sur ma Belle :

La goutte de Milord M...., seul
obstacle qui l'empêche de venir marquer
la tendresse à mon épouse :

Le départ de Milady Lawrance & de
Miss Montaigu, qu'on attend bientôt à
Londres :

La passion que j'aurois de voir mon
épouse en état de les recevoir dans sa pro-

pre maison , si Madame Fretchvill pouvoit être un moment d'accord avec elle-
même :

L'intention où je suis, malgré cela , de
demeurer chez Madame Sinclair, dans
la seule vûe de satisfaire jusqu'au moindre
point la delicatesse de mon épouse :

Ma tendresse infinie pour elle , que
je représentai d'un ton fort ardent,
comme la plus sincère & la plus pure
passion qu'un homme ait jamais ressentie
pour une femme :

Sally & Madame Sinclair s'étendirent
sur ses louanges , mais sans affectation.
Sally particuliérement admira sa modestie , & la nomma *exemplaire*. Cependant,
pour prévenir tous les soupçons , elle
ajoûta , que s'il lui étoit permis d'expliquer librement ses idées devant moi ,
elle trouvoit sa delicatesse excessive.
Mais elle m'applaudit beaucoup d'observer rigoureusement ma promesse.

Pour moi , je blâmai plus ouverte-
ment ses reserves avec moi. Je la traitai
de cruelle. Je m'emportai contre sa famille. Je parus douter de son amour.
Me voir refuser jusqu'à la moindre faveur , tandis que ma conduite étoit aussi
pure , aussi délicate , dans les momens
où je me trouvois seul avec elle , que sous

les yeux de toute la maison ! Je touchai quelque chose de ce qui s'étoit passé le même jour entre-elle & moi, ne me plaignant que de quelques traits d'indifference si marqués, qu'il m'étoit impossible de les soûtenir. Mais je voulois lui proposer d'aller Samedi prochain à la Comédie, où l'on devoit donner l'*Orphelin d'Otway*, jouée par les meilleurs Acteurs; pour essaier si toutes sortes de faveurs me seroient refusées. J'avois néanmoins peu de goût pour les Tragédies; quoique je n'ignorasse pas qu'elle les aimoit, à cause de l'instruction & des bons exemples qu'on y trouve presque toujours.

Je n'avois que trop de sentimens, ajoutai-je; & le monde offroit d'assez grands sujet de tristesse, sans qu'il fût besoin d'emprunter les douleurs d'autrui & de s'en faire un amusement. Cette remarque est assez vraie, Belford; & je crois qu'en général, tout ce qu'il y a de gens de notre espèce pensent là-dessus comme moi. Ils n'aiment point d'autres Tragédies que celles où ils font eux-mêmes les rolles de Tirans & d'Exécuteurs. Ils ne veulent pas s'exposer à des réflexions trop sérieuses. Ils courent aux piéces Comiques, pour rire des chagrins qu'ils ont causés, & pour y trouver des

exemples qui reſſemblent à leurs propres
mœurs : car nous avons peu de Comédies qui en offrent de bons. Mais que dis-
je ? je crois me ſouvenir , en y penſant,
que tu te plais au *lamentable.*

Miſs Martin répondit pour Polly , qui
étoit abſente; Madame Sinclair pour elle-
même & pour toutes les femmes de ſa
connoiſſance , ſans excepter Miſs Partington ; qu'elles préferoient le comique
à la Tragédie. Je crois qu'elles ont raiſon ; parce qu'il n'y a pas de libertin un
peu déterminé , qui ne mêle aſſez de
tragique dans les comédies qu'il joue
avec une maîtreſſe.

Je priai Sally de tenir compagnie à
mon épouſe. Elle étoit engagée pour
Samedi , m'a-t'elle répondu. Je deman-
dai à Madame Sinclair ſa permiſſion
pour Polly. Aſſurément, me dit-elle,
Polly ſe feroit un honneur extrême d'accompagner Madame Lovelace ; mais la
pauvre fille avoit le cœur ſi tendre , &
la piéce étoit ſi touchante , qu'elle per-
droit les yeux à force de pleurer.

En même-tems , Sally me repréſenta
ce qu'il y avoit à craindre de Singleton ,
pour me donner occaſion de repondre à
l'objection , & pour épargner à ma Belle
la peine de me la faire , ou de diſcuter
cet article avec moi.

Aussitôt, je confessai que je n'avois que mon courage, pour être tranquille de ce côté-là ; & parlant d'une lettre que je venois de recevoir, je déclarai à Madame Sinclair, qu'on me donnoit avis qu'une personne dont on me faisoit le portrait, avoit entrepris de nous découvrir. Ensuite, aiant demandé une plume & de l'encre, je jettai sur un papier les principales marques auxquelles on pourroit le reconnoître, afin qu'au besoin toute la maison pût s'armer contre lui : » Un Matelot, fort maltraité de la pe- » tite verole, le teint brûlé, le regard » mauvais, haut d'environ six pieds, » les sourcils pendans, les levres écor- » chées, comme un reste de scorbut ; » avec un couteau, qu'il portoit ordi- » nairement au côté, une casaque brune, » un mouchoir de toile peinte autour » du cou, un bâton de bois de chêne » dans la main, presque de sa longueur, » & d'une grosseur proportionnée. Il ne falloit pas répondre un mot à toutes ses questions. Il falloit m'appeller sur le champ, mais empêcher, s'il étoit possible, que mon épouse n'en eût la moindre connoissance. J'ajoutai, que si son frere, ou Singleton, se présentoient, je les recevrois civilement pour l'amour d'elle ;

& qu'alors elle n'auroit qu'à reconnoître
son mariage ; après quoi , il ne resteroit
de part & d'autre nul prétexte pour la
violence. Mais je jurai , dans les termes
les plus furieux, que si malheureusement
elle m'étoit enlevée par la persuasion ou
par la force , j'irois , dès le lendemain,
la demander chez son pere , soit qu'elle
y fût ou qu'elle n'y fût pas; & que si je ne
trouvois pas la sœur, je saurois trouver
le frere , & m'assurer aussi facilement
que lui d'un Capitaine de Vaisseau. A
présent , Belford , crois-tu qu'elle entreprenne de me quitter; quelque conduite que je puisse tenir avec elle ?

Madame Sinclair a si bien contrefait
l'air tremblant , elle a paru si effraiée des
désastres qui pouvoient arriver dans sa
maison , que j'ai commencé à craindre
qu'elle n'outrât son rolle , & qu'elle ne
détruisît mon ouvrage. Je lui ai fait signe
de l'œil. Elle m'en a fait un de la tête ,
pour marquer qu'elle m'entendoit. Elle
a baissé le ton ; & passant une de ses levres sur l'autre , avec ses minauderies
ordinaires , elle est demeurée en silence.

Voilà des préparatifs , Belford. Crois-
tu que tes raisonnemens & tous les proverbes de Milord M .... soient capables
de m'y faire renoncer ? *Non sûrement ;*

comme dit ma charmante , lorſqu'elle
veut exprimer ſon averſion pour quelque
choſe.

Et quel doit être néceſſairement l'effet
de toutes ces ruſes , pour la conduite de
ma charmante avec moi ? Peux-tu douter
qu'elle n'ait été d'une complaiſance ache-
vée , dès la premiére fois qu'elle m'a fait
l'honneur de me recevoir ?

Jeudi fut un jour très-heureux. Il ne
manqua rien à notre bonheur le matin.
Je baiſai ſa main charmante. Tu n'as pas
beſoin que je te faſſe la deſcription de ſes
mains & de ſes bras. Lorſque tu l'as vûe,
j'ai remarqué que tes yeux y étoient fixés , auſſitôt qu'ils pouvoient abandonner l'amas de merveilles qui compoſent
ſon viſage. Je baiſai donc ſa main ; environ cinquante fois , ſi j'ai bien compté.
J'allai une fois juſqu'à ſes joues , dans
le deſſein de parvenir à ſes levres ; mais
avec un tranſport ſi vif, qu'elle en parut
fachée.

Si ſes ſoins n'étoient pas continuels ,
pour me tenir ainſi à la longueur du bras ;
ſi les plus innocentes libertés , auſquelles
notre ſexe aſpire par dégrés , ne m'étoient
pas refuſées avec une rigueur inſuporta-

ble, il y auroit longtems que nous ferions un peu plus familiers. Si je pouvois feulement obtenir quelque accès près d'elle, à fa toilette, ou dans fon déshabillé ; car l'air de dignité augmente, dans une femme vêtu, & fortifie le refpect : mais on ne peut la retenir fi tard, ni la furprendre fi matin, qu'elle ne foit toujours dans la dernière décence. Tous fes tréfors étant gardés fi foigneufement, ne fois pas furpris que j'aie fait fi peu de progrès dans l'épreuve. Mais quel aiguillon que cette cruelle diftance !

Encore une fois, Jeudi matin nous fumes fort heureux. Vers midi, elle compta le nombre des heures qu'elle avoit paffées avec moi. Ce tems ne m'avoit paru qu'une minute ; mais elle me témoigna qu'elle fouhaitoit d'être feule. Je me fis preffer ; & je ne cedai, qu'après avoir remarqué que le Soleil commençoit à fe couvrir de quelques nuages.

J'allai dîner chez un ami. A mon retour, je parlai de maifon & de Madame Fretchvill. J'avois vû Mennell ; je l'avois preffé de faire entendre raifon à la Veuve. Elle marqua beaucoup de compaffion pour cette Dame ; autre effet de la converfation qu'elle avoit entendue. Je ne manquai pas de lui dire auffi, que

j'avois écrit à mon oncle, & que j'attendois bientôt sa reponse. Elle me fit la
grace de m'admettre à souper. Je lui de-
mandai ce qu'elle pensoit de mes articles.
Elle me promit de s'expliquer, aussitôt
qu'elle auroit reçu des nouvelles de Miss
Howe.

Je lui proposai alors de m'accorder sa
compagnie Samedi au soir, à la Comédie.
Elle me fit les objections que j'avois pré-
vûes, les projets de son frere, le tems,
qui étoit fort chaud, &c. mais d'un ton
qui paroissoit moderé par la crainte de
me désobliger : autre effet charmant de
la conversation. Elle passa par consequent sur ses propres difficultés, & j'ob-
tins la grace que je demandois.

Vendredi n'a pas été moins tranquille
que le jour d'auparavant.

Voilà deux jours que je puis nommer
heureux! Pourquoi tous les autres ne leur
ressemblent - ils pas ? Il semble que
cela dépende de moi. C'est une chose
étrange, que je prenne plaisir à tourmenter une femme que j'aime uniquement ! Il faut que j'aie dans le caractère
quelque chose de semblable à Miss
Howe, qui se plait à faire enrager son
malheureux Hickman. Cependant je ne
serois pas capable de cette dureté pour

un Ange tel que Clariſſe, ſi je n'étois réſolu, après le tems de l'épreuve, de la recompenſer au-delà de ſes deſirs.

Samedi eſt à moitié paſſé. Notre bonheur dure encore. On ſe prépare pour la Comédie, Polly s'eſt offerte. Elle eſt acceptée. Je l'ai avertie des endroits où elle doit pleurer ; non-ſeulement pour faire connoître la bonté de ſon cœur, dont les larmes ſont toujours une bonne marque, mais encore, pour avoir un prétexte de cacher ſon viſage avec ſon évantail ou ſon mouchoir : quoique Polly, dans le fond, ſoit bien éloignée d'être une fille publique. Nous ſerons dans la loge verte.

Les douleurs d'autrui, ſi bien repré-ſentées, ne manqueront point d'ouvrir le cœur de ma charmante. Lorſque j'ai obtenu d'une jeune perſonne la permiſſion de l'accompagner à la Comédie, je me ſuis toujours crû ſur de la victoire. Le cœur des femmes, paitri de douceur & d'harmonie lorſque rien ne le gêne, s'é-tend & perd le ſoin de s'obſerver à meſure que leur attention eſt attirée au-dehors par un amuſement qui les intéreſſe. La muſique, & peut-être une collation qui ſuccéde, ont auſſi leur part à cet effet. Je n'eſpère ici rien d'approchant. Mais j'ai plus d'une vûe dans l'empreſſement avec lequel j'ai propoſé la Comédie à ma chere Clariſſe. Pour t'en apprendre une, Dorcas a le paſſe-partout, comme je te l'ai deja dit. Tu comprens l'uſage qu'elle en fera dans notre abſence. A préſent, ne crois-tu pas qu'il ſoit important de faire voir à ma Belle une Tragédie des plus touchantes ; ne fût-ce que pour lui apprendre qu'il y a de plus grandes diſgraces & des douleurs plus profondes qu'elle ne ſe l'eſt peut-être jamais imaginé.

Conviens que notre bonheur eſt extrême à préſent. J'eſpère que nous ne trouverons pas dans notre chemin quelqu'un de ces genies finiſtres, qui ſe plaiſent à troubler la joie des pauvres mortels.

LOVELACE.

Miſs Clariſſe, dans une lettre du Vendredi, 19 de mai, apprend à ſon amie, que ſa perſpective eſt encore une fois changée avec avantage, & que depuis ſa denière lettre elle a connu vingt quatre heures aſſez heureuſes, du moins en les comparant à ſa ſituation. » Que je com- » poſe volontiers, dit-elle, pour les » moindres apparences de bonheur !

» Que je suis facilement disposée à tour-
» ner vers moi le côté flatteur des éve-
» nemens , & à me repaître de toutes
» sortes d'espérances : & cela, non-
» seulement pour mon propre intérêt ,
» mais aussi pour l'amour de vous, qui
» entrez si généreusement dans tout ce
» qui m'arrive d'agréable ou de facheux.
Elle lui fait ici le détail de la conversation qu'elle a trouvé le moien d'entendre, entre M. Lovelace , Madame
Sinclair & Miss Martin ; mais elle explique, avec plus d'étendue , l'occasion
qu'elle a eue de prêter l'oreille à leurs
discours, dans la persuasion qu'ils n'ont
pû se défier d'être écoutés. Elle apporte
les raisons qui lui ont fait trouver du
plaisir à les entendre : & quoiqu'elle soit
choquée du projet hardi qu'il a formé,
s'il la perd de vûe un seul jour ; elle se
réjouit qu'il soit resolu d'éviter la violence , s'il se rencontre dans la Ville avec
son frere. Elle s'est crue obligée , dit-elle,
par ce qui s'est-passé Mercredi, & par
ce qu'elle a eu le bonheur d'entendre,
de lui promettre d'aller à la Comédie ;
surtout , lorsqu'il a eu la discretion de lui
proposer une des niéces pour l'accompagner. Elle paroît charmée qu'il ait écrit
à Milord M..... Elle lui a promis de

s'expliquer fur les articles, auffitôt qu'elle aura reçue des nouvelles de fon amie. Enfin l'avenir, ajoûte-t'elle , commence à lui offrir des apparences affez favora-bles : comparées du moins aux nou-veaux dangers dont elle s'eft crue ména-cée depuis fon naufrage.

Cependant elle eft bien aife que fon amie s'occupe de quelque plan , qui puiffe affurer fon repos par d'autres voies. Elle regarde M. Lovelace comme un efprit dangereux ; & la prudence l'o-blige par conféquent de veiller fans ceffe, & de s'armer contre le mal poffible.

Elle fe croit fure que fes lettres & cel-les de fon amie font parfaitement à cou-vert. Elle ne doute pas, non plus, qu'elle ne foit libre de fortir & de rentrer ; mais M. Lovelace eft fi affidu près d'elle, qu'elle n'a pas le tems de mettre cette liberté à l'épreuve. Elle le feroit plus fouvent, néanmoins, s'il arrivoit quel-que occafion d'en douter, & fi les def-feins de fon frere & du Capitaine Single-ton lui caufoient moins de fraieur.

LETTRE CLXXIX.

Miss Howe, à Miss Clarisse Harlove.

Samedi, 20 de Mai.

JE ne savois pas, ma chere, que pour repondre aux articles de M. Lovelace vous attendissiez mon avis. Comme je serois fachée que cette raison causât quelque délai, je profite d'une occasion extraordinaire pour faire porter cette lettre chez Wilson.

J'amais je n'ai douté de la justice & de la générosité de votre personnage : sur ce qui concerne les articles ; & tous ses parens n'ont pas les sentimens moins nobles que leur naissance. Mais, à présent, je crois que vous ne ferez pas mal d'attendre quelle sera la répose de Milord à sa lettre d'invitation.

Voici le plan que j'ai médité pour vous. Ne vous souvenez-vous pas d'avoir vû, avec moi, une femme, nommée Madame *Townsend*, qui fait un grand commerce d'étoffes des Indes, de Cambrais & de dentelles de Flandres, qu'elle trouve le

moien de recevoir fans paier d'entrées,
& de débiter fecretement dans toutes les
bonnes maifons de notre voifinage ? Elle
eft alternativement à Londres, dans une
chambre qu'elle y loue à l'extrémité du
Faubourg de Southwark, où elle a des
échantillons de fes marchandifes, pour
la commodité de fes pratiques de Ville.
Mais fa veritable réfidence & fon maga-
fin font à *Depford*. Je dois fa connoif-
fance à ma mere, à qui elle avoit été re-
commandée dans la fuppofition de mon
mariage, & qui me dit, en me la pré-
fentant, qu'avec le fecours de cette
femme je pourrois être magnifique à peu
de frais.

Au fond, ma chere, je n'ai pas trop
de penchant à favorifer la contrebande.
Il me femble que c'eft braver les loix de
notre païs, nuire aux honêtes Marchands,
& dérober à notre Prince un revenu le-
gitime, dont la diminution peut l'o-
bliger à faire de nouvelles levées fur le
public. Mais, quoique je n'aie encore
rien pris de Madame Townfend, nous
ne fommes pas mal enfemble. C'eft une
femme entendue, & d'un fort bon caractère. Elle a vû les païs étrangers, par
rapport à fon commerce, & je trouve
beaucoup de plaifir à l'entendre. Comme

elle cherche à se faire connoître de toutes
les jeunes personnes qui ne sont pas éloi-
gnées de changer d'état, elle m'a priée
de la recommander à vous ; & je suis sure
que je l'engagerois sans peine à vous accorder une retraite dans sa maison de
Depford. C'est un Bourg, qu'elle représente fort peuplé, & peut-être un des
lieux du monde où l'on penseroit le
moins à vous chercher. Il est vrai, que
la nature de son commerce ne lui permet
pas d'y être longtems : mais on ne sauroit douter qu'elle n'y ait quelque personne de confiance. Vous y seriez en sû-
reté jusqu'au retour de M. Morden. Il me
semble que vous feriez fort bien d'écrire
d'avance à cet honnête cousin. Ce n'est
point à moi de vous prescrire ce que vous
devez lui marquer. Je me repose sur votre
discretion ; car vous comprenez, sans doute, ce qu'il y auroit à craindre du moindre
demêlé entre deux hommes de cœur.

J'apporterai de nouveaux soins à di-
gerer ce plan, si vous l'approuvez, ou
plûtot si vous le jugez nécessaire. Mais
il faut espèrer que vous n'aurez pas besoin de cette ressource, puisque la perspective est changée, & que vous avez
*connu vingt-quatre heures, qui ne peuvent
pas être nommées malheureuses.* Que je me
sens

sens indignée, de voir une fille, telle que vous, reduite à cette misérable consolation.

Je me souviens que Madame Townsend a deux freres, qui commandent chacun un Vaisseau Marchand. Comme il ne peuvent manquer d'être liés d'intérêts avec elle, qui sait si vous ne pourriez pas avoir, au besoin, tout l'équipage d'un Vaisseau à votre service ? Supposé que Lovelace vous donne sujet de le quitter, ne vous occupez point de vos craintes pour les Harloves. Qu'ils prennent soin l'un de l'autre. Ils y sont assez portés. Les loix seront leur défense. Votre homme n'est pas un assassin, ni un meurtrier de nuit. C'est un ennemi ouvert, parce qu'il est intrépide : & s'il entreprenoit quelque chose qui le soumit à la rigueur des loix, vous seriez heureusement délivrée de lui, par la fuite ou par la corde; n'importe lequel des deux.

Si vous n'étiez pas entrée dans un si grand détail de toutes les circonstances qui regardent la conversation que vous avez entendue entre M. Lovelace & les deux femmes, je les soupçonnerois de n'avoir tenu cette conférence que pour vous.

Tome IV. Part. II.   D

J'ai fait voir les propofitions de M. Lovelace à M. Hickman, qui avoit été deftiné pour la Robbe avant la mort de fon frere aîné. Il en a pris un air fi grave, fi fier & fi important ; il m'a dit, d'un ton fi miftérieux, qu'il vouloit les prendre en confidération, qu'il les emporteroit, fi je le trouvois bon, qu'il les peferoit, & d'autres affectations de cette nature, que la patience m'a manqué. Je lui ai arraché le papier de colère. Eh quoi ? le traiter fi mal pour fon zèle ! Oui, pour un zèle fans lumières ; tel que la plupart des autres zèles. S'il n'a point été frappé tout d'un coup de quelque objection, c'eft qu'il n'y en a point à faire.

Si prompte, ma très chere Demoifelle ! Si lent ! *très-peu cher* Monfieur, aurois-je pû repondre. Mais je me fuis contenté de lui dire, *affurément* ; avec un regard qui fignifioit, *ofericz-vous faire le rebelle ?*

Il m'a demandé pardon. A la vérité, il ne voioit aucune objection ; mais il avoit crû qu'une feconde lecture...... N'importe, n'importe, ai-je interrompue. Je les ferois voir à ma mere, qui, fans avoir penfé à porter la robbe, en fait plus au prémier coup d'œil que tous vos *lambins* de Confeillers, fi je ne crai-

gnois de l'irriter par l'aveu de ma corref-
pondance.

Mais ne balancez pas, ma chere, à
faire dreffer les articles en bonne forme.
Que la célébration les fuive de près, &
qu'il n'en foit plus parlé.

Je ne dois pas oublier que le Matelot
a beaucoup tourné autour de ma femme
de chambre, & qu'il a tenté de la corrompre par un gros préfent, pour favoir
d'elle le lieu de votre retraite. La pre-
miere fois qu'il aura l'audace de paroître,
je le ferai jetter dans le plus profond de
nos étangs, fi je ne puis rien tirer de fa
bouche. L'entreprife de corrompre un
domeftique de la maifon juftifiera mes
ordres.

LETTRE CLXXX.

M. LOVELACE, à M. BELFORD.

Dimanche, 21 de Mai.

J'Ai l'efprit trop plein de mes reffentimens pour m'occuper d'autre chofe
que de ma vangeance ; fans quoi, je
m'étois propofé de te communiquer les

observations de Miss Harlove sur la Tragédie d'Otway. Miss Harlove ! Pourquoi lui donner ce nom ? parce que je le hais ; & que je suis extremement irrité contre-elle & contre son impertinente amie.

De quoi donc ? me demandes-tu. Le sujet en vaut assez la peine. Pendant que nous étions à la Comédie, Dorcas, qui avoit ses ordres, & la clé de la chambre de sa Maîtresse, aussi-bien que le passe-partout de l'armoire d'ébene, du cabinet, & de tous les tiroirs, a trouvé le moien de parvenir aux dernieres lettres de Miss Howe. La vigilante soubrette avoit remarqué, que sa Maîtresse en avoit tiré une de *son sein*, & qu'elle l'avoit jointe aux autres, avant que de partir avec moi pour la Comédie ; dans la crainte apparemment, comme les femmes d'en-bas me l'ont reproché, que je ne la trouvasse sous son mouchoir de cou.

Dorcas ne s'est pas plûtot vûe en possession du trésor, qu'aiant appellé Sally, & trois autres filles qui ne paroissent point, elles se sont emploiées ensemble, avec la derniére diligence, à transcrire ces maudites lettres, suivant la méthode que je leur avois tracée. Je puis bien les nommer maudites. Ce sont des injures , une malignité ! Quelle petite furie que cette Miſs Howe ! Je ne m'étonne plus que ſon impertinente amie, qui ne m'a pas mieux traîté ſans doute, puiſqu'elle doit avoir donné occaſion aux libertés de l'autre, ait marqué tant d'emportement lorſque j'ai tenté de me ſaiſir d'une de ces lettres.

Auſſi me paroiſſoit-il impoſſible que la Belle, dans cette fleur de jeuneſſe, avec une ſi bonne conſtitution, une ſanté ſi ferme, & tant de feu dans les yeux, pût trouver dans elle-même ce fond de vigilance & de crainte qui ne l'abandonne jamais. Des yeux brillans, Belford, malgré tout le bien que les Poëtes en peuvent dire, ſont le ſigne infaillible d'un cœur fripon, ou qui peut le devenir.

Tu peux continuer tes prédications, & Milord M..... n'eſt pas moins libre de déploier ſa ſageſſe en proverbes; mais compte que je ſuis plus ſur d'elle que jamais. A préſent que ma vangeance eſt allumée, & ſe joint dans mon cœur à l'amour, il faut que toute reſiſtance fléchiſſe. Je te jure ſolemnellement que Miſs Howe portera la peine de ſa trahiſon.

On apporte, à ce moment, une autre lettre de ce virulent petit Démon. J'eſpère qu'elle fera bientôt tranfcrite auffi ; du moin fi l'on prend le parti de la joindre au recueil. L'impertinente Déeffe eft refolue d'aller ce matin à l'Eglife ; moins, comme j'ai raifon de le croire, par ef- prit de devotion, que pour effaier fi elle peut fortir fans oppofition ou fans plainte, ou fans être accompagnée de moi.

Elle m'a refufé l'honneur de déjeuner avec elle. Il eft vrai qu'hier au foir elle fût un peu mécontente, de ce qu'à notre retour de la Comédie, je l'obligeai de paffer le refte de la foirée dans le par- loir commun, & de demeurer avec nous jufqu'après minuit. En fe retirant, elle me déclara quelle comptoit d'être libre tout le jour fuivant. Comme je n'a- vois pas encore lu les extraits, je ne témoignai que du refpect & de la fou- miffion ; car je m'étois déterminé à com- mencer, s'il étoit poffible, une nouvelle méthode, & à bannir de fon cœur tou- tes fortes de foupçons & de jaloufies. Cependant je n'avois pas trop de fujet d'être allarmé de fes foupçons paffés. Lorfqu'une femme, qui peut ou qui croit pouvoir quitter un homme qu'elle

soupçonne ,   continue de demeurer avec
lui , je suis sur, Belford, que ce n'est pas
un mauvais signe.

Elle est partie. Elle s'est glissée avant
que j'aie pû m'en défier. C'est une chaise
à porteur qu'elle s'étoit fait amener ,
dans la vûe de m'ôter le pouvoir de l'accompagner. Mais j'avois pris des précautions convenables. *Will* , mon valet
de chambre , l'a suivie de son consentement ; & *Peter* , domestique de la maison , étoit à portée de recevoir les ordres
de Will.

Je lui avois fait représenter, par Dorcas,
ce qu'elle avoit à redouter de Singleton ,
pour lui ôter la pensée de sortir sans moi:
mais elle a répondu que s'il n'y avoit
pas de danger à la Comédie , quoiqu'il
n'y ait que deux Spectacles à Londres ,
il devoit y en avoir beaucoup moins à
l'Eglise , lorsque les Eglises sont en si
grand nombre.   Les porteurs ont reçu
ordre de la conduire à l'Eglise de Saint
James.

Elle ne se seroit pas souciée si peu de
m'obliger , si elle savoit à quoi je suis
deja parvenu , & combien je suis pressé

par nos femmes, qui se plaignent continuellement de la contrainte où je les tiens, dans leur conduite, dans leurs compagnies ; & de la néceffité où elles font de ne recevoir perfonne dans le joli bâtiment de derrière, pour ne faire naître aucun foupçon. Elles ne doutent pas de ma générofité, difent-elles : mais, pour mon propre intérêt, elles me reprochent, dans le ftile de Milord M...., *de tirer fi peu de blé d'une fi longue moiffon.* Il me femble qu'elles raifonnent bien. Je crois que je commencerai mes opérations à fon retour.

Je me fuis procuré la lettre qu'elle a reçue aujourd'hui de Mifs Howe. Les complôts, l'artifice, la magie noire, vont leur train. Il me fera difficile de revoir tranquillement cette *Mifs Harlove.* Quelle néceffité, comme difent nos Nimphes, d'attendre le tems de la nuit ? Sally & Polly me rappellent, avec beaucoup de reproches, la méthode que j'ai emploiée la premiére fois avec elles. Mais la force repondroit mal à mes vûes. Cependant elle pourroit fort bien y repondre auffi ; du moins s'il y a quelque verité dans cette partie du simbole des libertins qu'*une femme une fois subjuguée l'est pour toujours.* On n'en voit gueres, qui disent oui, à la premiére question.

Elle est revenue. Mais elle refuse de me voir. Elle veut être seule tout le jour. Dorcas attribue son refus à des motifs de piété. De par tous les diables, Belford, est-il vrai qu'il y ait de l'impiété à me voir ? Sa devotion peut-elle mieux s'emploier qu'à me convertir ? & croît-elle avancer l'ouvrage, en refusant de me voir dans ses accès de piété ? Mais je la hais. Je la hais de tout mon cœur. Elle est vieille, laide, difforme. Horrible blaspheme ! C'est du moins une Harlove, & je la hais à ce titre.

Puisqu'il faut renoncer à la voir, qu'elle soit donc maîtresse de ses volontés, & de l'emploi qu'elle va faire de son tems. Mais il faut, pour remplir aussi le mien, que je te rende compte de mes découvertes.

La plus ancienne lettre qu'on ait trouvée porte pour datte le 27 d'Avril. Où peut-elle avoir mis les précédentes ? Hickman est regardé, entre-elles, comme leur

D v

agent. Il feroit mieux de prendre garde à lui-même. Miss Howe dit à la Belle : *j'espère que vous ne serez pas exposée à vous repentir de m'avoir renvoié mon Norris. En tout cas, il reprendra le même chemin au prémier mot.* Quel diable cela veut-il dire ? son Norris retourner au premier mot ! Que je sois damné si j'y comprens rien. Ces innocentes se permettent donc l'intrigue ? Je me crois autorisé par l'exemple.

Elle est fachée qu'*Hannah ne puisse venir.* Hebien, supposons qu'elle le pût. De quel secours lui feroit Hannah, dans une maison telle que celle-ci ?

Les femmes de la maison peuvent être pénétrées dans l'espace d'un dejeuner. Ce trait les rend furieuses contre les deux correspondantes. Elles me pressent plus que jamais d'achever ma victoire. Je suis tenté de leur abandonner Miss Howe en pleine propriété. Tu n'as qu'un mot à dire, Belford, & je te promets que l'effet suivra la ménace.

Elle est bien aise que Miss Harlove ait pensé à me prendre au mot. Elle s'étonne que je ne lui aie pas renouvellé mes offres. Si je ne le fais pas bientôt, *elle lui conseille de ne pas demeurer avec moi.* Elle l'exhorte à me tenir dans l'éloignement, à ne pas souffrir *la moindre familiarité.* Vois, Belford. Me suis-je trompé ? La vigilance qui me fait enrager vient d'une froide amie, qui est assise tranquillement pour écrire, & qui donne fort à son aise un conseil qu'elle feroit incapable de suivre dans le même cas. Elle lui dit, que *c'est mon intérêt d'être honête.* Mon intérêt, petites folles ! j'avois crû ces deux filles persuadées que mon intérêt est toujours subordonné à mes plaisirs.

Que ne donnerois-je pas pour obtenir une copie des lettres auxquelles Miss Howe répond par les siennes !

La seconde est du 3 de Mai. Dans celle-ci, la petite effrontée s'étonne beaucoup que sa mere ait écrit à Miss Harlove, pour lui interdire toute correspondance avec sa fille. *M. Hickman, dit-elle, est d'avis qu'elle ne doit point obéir à sa mere.* Que ce plat visage est rampant entre deux filles ! Je crains d'être obligé de le punir, aussi-bien que sa *Virago*; & j'ai deja trouvé, dans ma tête, un plan qui ne demande qu'une heure de méditation pour recevoir sa dernière forme. Je ne puis souffrir que l'autorité maternelle soit ainsi méprisée, ainsi foulée aux pieds. Mais écoute l'impertinente : *Il est heureux pour lui de penser si bien ; car*

sa mere l'aiant mise en mauvaise humeur,
elle a besoin de quelqu'un qu'elle puisse querel-
ler. Un Lovelace s'en permettroit-t'il davantage ? Cette fille est un libertin déterminé au fond du cœur. Si la nature en
avoit fait un homme, ne doute pas qu'elle
n'eût été pire que nous.

Elle n'a pas besoin, dit-elle, qu'on
l'irrite beaucoup plus, pour lui faire
prendre le parti de s'enfuir secretement
à Londres ; & dans cette supposition, elle
ne quittera point son amie, qu'elle ne
l'ait vûe honorablement mariée, ou
quitte de son Misérable. Ici, Belford,
Sally a joint une prière en transcrivant :
˃˃ au nom de Dieu, cher M. Lovelace,
˃˃ amenez-nous cette furie à Londres. Je
t'assure, cher ami, que son sort seroit
bientôt décidé.

Je trouve, dans la même lettre, que
ma belle captive a tiré ton portrait &
celui de nos amis. Je ne suis pas plus
épargné. *Cet homme est un fou,* dit on de
moi. Que je meure, si l'une & l'autre
me trouve tel. *C'est du moins un franc im-*
becille. Maudite & méprisable créature !
Je vois, ajoûte-t'elle, *que c'est une race*
infernale : voila pour toi, Belford : *&*
qu'il est le Belzebuth ; voila pour toi, Lovelace. C'est à ce *Belzebuth,* néanmoins,

qu'elle voudroit voir son amie mariée. Qu'avons-nous donc fait, aux yeux de Miss Harlove, pour mériter qu'elle ait tracé de nous une peinture, qui nous attire ce traitement de Miss Howe? mais c'est sur quoi je remets à délibérer.

Elle blâme son amie, d'avoir refusé de partager son lit avec Miss Partington. *Vigilante comme vous êtes, qu'en pouvoit-il arriver? S'il pensoit à la violence, il n'attendroit pas le tems de la nuit.* Sally écrit en forme de note; » voïez, voïez, Mon- » sieur, ce qu'on attend de vous. Nous » vous l'avons répété cent & cent fois. Elle me l'ont dit en effet; mais l'avis, de leur part, n'avoit pas la moitié tant de force que de celle de Miss Howe.

Elle approuve mes propositions, pour la maison de Madame Fretchvill. Elle l'exhorte à penser aux articles, & à nommer un jour. Enfin, elle la presse de lui écrire, malgré la défense de sa mere; sans quoi elle lui déclare qu'elle doit se charger des conséquences. Malheureuses petites rebelles!

Tu diras en toi-même; cette fiere & insolente fille est elle donc cette Miss Howe, qui a soupiré pour notre honête ami, le Chevalier Colmar; & qui, sans les conseils de sa Clarisse Harlove, l'au-

roit peut-être suivi , dans le désordre de
sa fortune , lorsqu'il fut obligé de quitter
le Roiaume ?

Oui , c'est la même : & j'ai toujours
remarqué , par l'expérience d'autrui
comme par la mienne , qu'une prémiére
passion subjuguée fait un corsaire du
vainqueur ; ou un tiran , si c'est une
femme.

Dans une autre lettre » elle approuve
» le dessein que son amie a de me quit-
» ter , si sa famille consent à la recevoir.
» Elle vient d'apprendre , sur mon
» compte, quelques étranges avantures,
» qui doivent me faire regarder comme
» le plus mechant de tous les hommes.
» Si j'avois une douzaine de vies, j'au-
» rois dû les perdre , *il y a vingt crimes.*
Plaisante façon de compter , Belford !

Miss Betterton & Miss Lockyer sont
nommées. *Votre homme ,* (c'est le nom
qu'elle me donne irrespectueusement)
est un infame , dit-elle. Je veux être con-
fondu , si je me laisse traiter *d'infame* sans
le mériter ! Elle fera sonder les disposi-
tions de M. Jules Harlove. » Elle lui
» conseille d'attacher Dorcas à ses in-
» térêts , & de se procurer quelqu'une
» de mes lettres, par ruse ou par surprise.
Vois , Belford. » Elle est allarmée de

» mon entreprise pour me saisir d'une
» des siennes.

S'il arrivoit, dit-elle, *que je fusse jamais
informé de la manière dont elle me traite, elle
n'oseroit sortir sans une escorte.* Je conseille
à l'effrontée de tenir son escorte prête.

*Je suis le chef d'une bande de scele-
rats,* (Elle te nomme, toi & 'mes autres subalternes) *qui sont, associés pour
tromper d'innocentes créatures, & pour se
prêter la main dans leurs infâmes entreprises.*
Qu'as-tu à répondre, Belford ?

*Elle n'est pas surprise des mélancoliques ré-
flexions de son amie sur le malheur qu'elle a
eu de me voir à la porte du jardin, d'être
forcée de me suivre, d'être trompée par mes
artifices.* J'espère qu'après cela, Belford,
tu finiras tes prédications.

Mais elle lui représente, pour la con-
soler, *qu'elle servira d'exemple & d'avertis-
sement à son sexe.* Il est clair que son sexe
m'en aura l'obligation.

*Mes copistes, n'ont pas eu le tems,
disent-elles, de transcrire tout ce qui
mérite mon ressentiment dans cette lettre.
Il faudra que je cherche l'occasion de la
lire moi-même.* Elle contient, à leur
avis, des réflexions fort nobles. Mais
j'y suis *un seducteur,* & mille fois *un
miserable.* Miss Howe croît que *le diable*

a pris possession de mon cœur & de celui de tous l s Harloves à la même heure , pour exciter son amie à la fatale entre-vûe. Elle ajoûte , qu'il y a du destin dans son erreur. Pourquoi donc s'affliger ? L'adversité est sa saison brillante ; & je ne sais combien d'autres propos. Mais pas un mot de remerciment, pour l'homme à qui elle doit l'occasion de briller !

Dans la lettre suivante , *elle craint que tout méchant que je suis , son amie ne soit forcée de me prendre pour son Seigneur & son Maître.* Veritablement c'est mon espérance.

Elle retracte tout ce qu'elle a dit contre moi dans sa dernière lettre. Ma conduite à l'égard de mon Bouton de rose ; le dessein d'établir son amie dans la maison de Madame Fretchevill , tandis que je continuerai de demeurer chez Madame Sinclair ; l'établissement que j'ai dans ma Province , mes reversions, mon œconomie , ma personne , mes talens , tout est rappellé en ma faveur , pour lui faire perdre la pensée de me quitter. Que j'aime à jetter dans l'embarras ces filles pénétrantes.

Puisse la vangeance éternelle me poursuivre, (heureusement qu'elle ne dit pas *m'atteindre*) *si je lui donne lieu de douter de mon honneur* ! Les femmes ne savent pas jurer, Belford. Les douces créatures ! elles ne savent que maudire.

Elle lui apprend le mauvais succès de sa négociation, du côté de l'oncle Jules. C'est sans doute Hickman, qu'elles ont emploié. Il faut que j'aie les oreilles de ce Benais-là dans mà poche ; & bientôt, crois moi.

Elle est furieuse, dit-elle, *contre toute la famille. Le credit de Madame Norton n'a pas eu plus d'effet sur Madame Harlove. Jamais il n'y eût dans le monde des brutes si déterminées. Son oncle Antonin la croit deja perdue.* N'est-ce pas tout à la fois un reproche & une exhortation pour moi ? *Ils s'attendoient à la voir revenir à eux dans l'affliction ; mais ils ne feroient pas un pas pour lui sauver la vie.* Ils l'accusent *de préméditation & d'artifice.* Miss Howe *est inquiéte*, dit-elle, *de la vangeance à laquelle mon orgueil peut me porter*, pour la distance où l'on me tient. Elle a raison. *Il ne reste à présent qu'un choix à son amie*, car son cousin paroît déclaré contre-elle avec tous les autres ; *& ce choix, c'est de se donner à moi.* La nécessité , la convenance lui en font une loi presque égale. Ton ami , cher Belford, deja choisi d'une femme par des raisons de convenance !

Un Lovelace, est-il capable de soutenir cette idée ?

J'ai de grands usages à faire de cette lettre. Les ouvertures de Miss Howe sur ce qui s'est passé entre l'oncle Jules & Hickman (ce ne peut-être un autre qu'Hickman) me donneront lieu de déploier mon invention. Elle lui dit, qu'elle ne peut lui revéler tout. Il faut absolument que je parvienne à lire moi même cette lettre. Il faut que j'en voie les propres termes. Des extraits ne me suffisent pas. Si je l'ai une fois entre les mains, ce sera la boussole de toute ma conduite.

Le feu de l'amitié éclate & pétille ici. Je n'aurois jamais crû qu'une amitié si chaude pût subsister entre deux Beautés. Mais elle est peut-être enflammée par les obstacles, & par cette sorte de contradiction qui anime des esprits femelles, lorsqu'ils ont le tour romanesque.

Elle extravague, en parlant de son départ; *si cette démarche*, dit-elle, *pouvoit épargner des bassesses à une ame* si noble, *ou la sauver de sa ruine.* C'est un roseau qui entreprend d'en soutenir un autre. Ces jeunes créatures font un peu frénétiques dans leurs amitiés. Elles ne savent pas ce que c'est qu'un feu durable.

Mais comment se fait-il que l'ardeur de cette *Virago* ne laisse pas de me plaire, quoique j'en aie beaucoup à souffrir ? Si je la tenois ici, j'engagerois ma vie, que dans l'espace d'une semaine, je lui apprendrois la soumission sans reserve. Quel plaisir, de reduire un esprit de cette trempe ! Je suppose qu'elle soutiendroit mes desirs l'espace d'un mois, & pas plus longtems. Elle seroit ensuite trop facile & trop apprivoisée pour moi. Quel doux spectacle, de voir les deux charmantes amies, humiliées de leur sort commun, assises dans le coin d'une chambre, les bras l'une sous celui de l'autre, pleurer & soupirer de leur situation ! & moi, leur Monarque reconnu, reposant sur un sopha de la même chambre, comme le Grand-Seigneur ; incertain à laquelle des deux je ferois l'honneur de jetter le mouchoir !

Observe, je te prie, cette plaisante fille. *Elle est furieuse contre les Harloves, irritée contre sa mere, indignée contre la folie & la basse vanité de Lovelace.....* Petite folle ! & tout d'un coup, *aidons le Misérable à sortir de la fange, quand nous devrions nous salir un peu les doigts. Il ne s'est rendu coupable, à votre égard, d'aucune indécence directe.* C'est ce qui paroît ex-

traordinaire à Miſs Howe. *Il n'oſeroit.*
Elle en eſt ſure. Si ces idées paſſent par
la tête des femmes , pourquoi ne trou-
veroient-elles pas place dans mon cœur ?
Il n'eſt point encore à cet infernal excès.
De ſi infames deſſeins ſe ſeroient deja trahis ,
s'il les avoit conçus. Que le Ciel ait pitié
de ces deux folles !

Elle revient enſuite à preſſer ſon amie
de penſer aux articles , à la permiſſion
Eccleſiaſtique , & à d'autres ſoins. *La*
délicateſſe , dit-elle , *n'eſt pas de ſaiſon.*
Elle va juſqu'à lui dicter les termes qu'elle
doit emploier avec moi. Peux-tu croire,
Belford , que la victoire ne fût pas à
moi depuis longtems , ſi je n'avois eu ce
Démon de plus à combattre. Elle lui fait
un reproche d'avoir perdu , par un excès
de modeſtie , plus d'une occaſion dont
elle auroit dû profiter. Ainſi, tu vois
que la plus noble de ce ſexe n'a pas
d'autre vûe au monde , par ſa froideur
& ſes affectations , que de retenir un
pauvre Amant pour lequel elle n'a pas de
dégoût , lorſqu'il eſt une fois tombé
dans ſes filets.

Une autre lettre eſt ſans contredit le
plus inſolent libelle qu'une fille ait jamais écrit contre ſa mere. Elle contient
des réflexions ſi libres ſur les veuves &

les vieux garçons, que j'ai peine à comprendre où Miſs Howe peut avoir puiſé ſon ſavoir. Le Chevalier Colmar de voit être plus ſot que ton ami, s'il lui a donné gratuitement de ſi belles leçons.

Elle apprend à Miſs Harlove, dans cette lettre, que l'oncle Antonin a fait des propoſitions de mariage à ſa mere. Ce vieux Marin doit avoir le cœur à l'épreuve, s'il obtient ce qu'il deſire ; ſans quoi, Madame Howe, qui a fait crever de chagrin un premier mari qui valoit beaucoup mieux, ſera bientôt quitte du ſecond. Mais quel que ſoit le ſuccès de cette propoſition, tous les autres Harloves en ſont plus irrités que jamais contre leur divine fille. Ainſi, je me vois plus ſur de ma conquête que je ne l'étois auparavant, puiſqu'à la rigueur des termes, il ne lui reſte plus qu'un ſeul choix. Mon orgueil en eſt un peu bleſſé. Cependant, je crois qu'à la fin un cœur auſſi tendre que le mien ſe laiſſera toucher en ſa faveur. Réellement, je ne ſouhaite point que toute ſa vie ſe paſſe dans le chagrin & la perſecution. Mais pourquoi conſerve-t'elle tant d'affection pour des *brutes*, comme Miſs Howe a raiſon de les nommer, & pourquoi n'en a-t'elle pas plus pour moi ? J'ai d'autres copies &

d'autres extraits de lettres, que tu trouveras bien plus offençans.

L E T T R E CLXXXI.

M. LOVELACE à M. BELFORD.

LA lettre suivante est d'une nature,
j'ose le dire, qui a dû faire souhaiter
aux deux insolentes beautés qu'elle ne
tombât jamais entre mes mains. Elle
m'apprend d'où est venu le mécontentement de Miss Harlowe par rapport à mes
articles. Je n'ai pas mis, dans la conclusion,
autant d'ardeur qu'elle s'y étoit attendue.
Dorcas, à qui cette lettre est tombée à
transcrire, n'en a pas omis une seule
ligne. Aussi l'auras-tu presque entière,
à l'aide de mes abbreviations.

Le petit demon, *s'imagine*, dit-elle,
*que les hommes de notre trempe ne peuvent
ressentir les mêmes ardeurs que les honêtes gens.*

Que penses-tu de cette idée, Belford?
Miss Howe doit *s'imaginer* de jolies
choses. La charmante fille ! Plût au
Ciel que je pusse découvrir si ma Belle
lui repond dans des termes aussi libres !
Qui sait, ajoûte-t'elle, *si je n'ai pas à*

rompre avec une demie douzaine de créatures, avant que de prendre un engagement pour la vie ? Mais de peur que cela n'ait l'air d'un compliment, qui pourroit faire juger que je pense à la réformation, elle se hâte d'assurer, *qu'il ne faut pas s'attendre de me voir honête, avant ma grande année climaterique.* Elle doit avoir une haute opinion de son sexe, pour s'imaginer qu'un homme qui connoît si bien les femmes puisse les aimer si longtems.

Lui, dit-elle, *chercher un prétexte pour des délais, dans le compliment qu'il doit à Milord M...* ! Oui, moi, cher petit Demon. Parce qu'un homme n'est pas accoûtumé à faire ce qu'il doit, faut-il qu'il ne le fasse jamais ? Le cas n'est-il pas assez important ? Toute la famille n'y est-elle pas assez intéressée ? *Il est bien vrai,* dit-elle à Miss Harlove, *que vous auriez eu besoin de l'entremise d'un ami. Mais à votre place, j'aurois arraché les yeux au monstre, & j'aurois laissé à son propre cœur le soin de lui en apprendre les raisons.* Eh-bien, Belford ! les bras ne te tombent-ils pas d'étonnement ! On m'appelle ensuite, *misérable & infame personnage ;* pourquoi ? parce que j'ai desiré que le lendemain fût le jour heureux, & parce que j'ai marqué du respect pour mon plus proche parent !

C'eſt le plus cruel de tous les ſorts pour une femme, continue-t'elle, *d'etre forcée de prendre un homme que ſon cœur mépriſe.* Voilà dequoi je ſouhaitois d'être ſur. Je craignois que ma charmante ne connût trop ſes perfections, ſa ſupériorité. Je tremblois qu'elle n'eût effectivement du mépris pour moi. Je ſuis éclairci, & je ne le puis ſupporter. Mais mon intention, Belford, n'eſt pas de reduire ma charmante à un ſort ſi cruel. Que je ſois abîmé, ſi je deviens le mari d'une femme qui a donné ſujet à ſon amie intime, de dire qu'elle me mépriſe ! Lovelace mépriſé, qu'en dis-tu ?

Son poing, qu'il a tenu fermé ſur ſon front, lorſque vous vous étes retirée en colère (c'eſt dans une occaſion où la Belle n'a point été ſatisfaite *de mes ardeurs* & de tout ce que tu voudras. Je me ſouviens du mouvement que je fis , mais elle avoit alors le dos tourné vers moi : ces vigilantes perſonnes ſont toutes compoſées d'yeux. Remarque le ſouhait,) *ſon poing, que n'é-toit-il une hâche, entre les mains de ſon plus mortel ennemi ?* Patience, patience, Belford. Mon jour n'eſt pas éloigné. Je me rappellerai toutes ces circonſtances pour m'endurcir le cœur.

Mais on promet *de méditer un plan,*
qui

qui pourra servir à délivrer ma conquête de mes mains, *si je lui donne quelque raison de me soupçonner*. Au fond ce projet m'allarme. Le combat devient serieux. Tu ne feras pas surpris si je lâche la bride à mes inventions : le Norris me revient à l'esprit, Belford. Je ne veux point qu'on l'emporte sur moi par la ruse.

Encore une fois, dit-elle, *rien ne la porte à croire que je puiss: ou que j'ose attaquer son honneur.* Mais *son homme est un fou : c'est tout ce qu'elle en peut penser.* Je serois un fou, comme elle le dit, si je pensois au mariage. *Malgré cela*, conclût-elle, *faites votre mari de ce fou, à la prémière occasion : & quoique j'apprehende qu'il ne soit un fou intraitable, comme font tous les fous qui ont de l'esprit & de la vanité, prenez-le comme une punition, puisque vous ne sauriez le prendre comme une récompense.* Crois-tu, Belford, que cela soit suportable ?

Mais dans la lettre que je me suis procurée aujourd'hui, pendant que la Belle étoit à l'Eglise, tout le plan de Miss Howe est à découvert. C'est une assez maudite lettre, je t'assure.

(M. Lovelace transcrit ici toute la partie de la lettre de Miss Howe, qui contient le deſſein qu'elle a, d'engager Madame Townſend à donner une retraite à ſon amie juſqu'à l'arrivée de M. Morden. Il repète le ſerment de ſe vanger, ſur-tout à l'occaſion de ces termes : *S'il entreprenoit quelque choſe qui le ſoûmit à la rigueur des loix, vous en ſeriez heureuſement délivrée, ſoit par la fuite, ſoit par la corde : n'importe lequel des deux.*

Il ajoûte : je me fais une gloire de terraſſer deux filles, qui en ſavent trop pour douter de leur ſavoir ; & de les convaincre qu'elles n'en ſavent point aſſez, pour ſe garantir des inconveniens d'en ſavoir trop. Que la paſſion eſt feconde ! j'ai fait, comme tu vois, en fort peu de tems, une lettre d'une prodigieuſe longueur. A préſent que mes reſſentimens ſont échauffés, je veux voir, & peut-être punir, cette beauté fiére & doublement armée. Je lui ai fait demander la permiſſion de ſouper avec elle. Nous n'avons dîné ni l'un ni l'autre. Elle a refuſé de prendre le thé cet après midi ; & je crois qu'elle & moi, nous n'aurons pas beaucoup d'appetit à ſouper.

LETTRE CLXXXII.

Miss Clarisse Harlove, à Miss Howe.

Dimanche 21 Mai, à sept heures du matin.

J'Allai hier à la Comédie, avec M. Lovelace & Miss Horton. Cette piéce, comme vous savez, est extrémement touchante à la seule lecture. Vous ne serez pas surprise que la représentation nous ait fort émues, Miss Norton & moi, si je vous dis, & même avec quelque plaisir, que dans quelques unes des principales scénes M. Lovelace n'a pû cacher lui-même son émotion. C'est l'éloge de l'ouvrage que je prétens faire ici, car je regarde M. Lovelace comme un cœur des plus durs. En vérité, ma chere, c'est l'opinion que j'ai de lui.

Cependant toute sa conduite, pendant la piéce comme à notre retour, est irréprochable ; excepté, qu'il s'est obstiné à vouloir que j'aie soupé en bas, avec les femmes de la maison, & qu'il m'a retenue jusqu'à minuit passé. J'étois resolue d'avoir aujourd'hui mon tour, & je ne suis pas fachée qu'il m'ait donné ce prétexte. J'ai toujours aimé à paſſer le Dimanche dans la ſolitude.

Je ſuis deja prête à ſortir pour aller à l'Egliſe. Mon deſſein n'eſt pas d'en cher- cher une plus éloignée que Saint James. Je vais prendre une chaiſe à Porteurs, pour m'aſſurer ſi je puis ſortir & rentrer librement, ſans le trouver dans mon chemin, comme il m'eſt arrivé deux fois.

A neuf heures.

J'ai reçu votre obligeante lettre d'hier. Il ſait que je l'ai reçue ; & je m'attens, lorſque je le verrai, de lui trouver beau- coup de curioſité pour ſavoir ce que vous penſez de ſes articles. Je n'ai pas douté de votre approbation ; & dans cette idée, j'avois deja fait une reponſe, que je tiens prête pour lui. S'il arrive quelque nouvel incident, qui faſſe naître entre nous d'autres démêlés, je ſerai forcée de croire qu'il cherche des occaſions pour le delai, & que ſon intention n'eſt pas de m'o- bliger.

Il fait demander à me voir, avec beaucoup d'importunité. Il veut m'accompagner à l'Eglise. Il est faché que j'aie refusé de déjeuner avec lui. Si je m'étois rendue à ses instances, il est certain que je n'aurois pas été libre. Je lui ai fait répondre par Dorcas, que je souhaitois de l'être tout le jour, & que je le verrai demain d'auffi bonne heure qu'il lui plaira. Elle me dit qu'elle ne sait ce qui le chagrine, & qu'il quérelle tout le monde.

Il a recommencé ses demandes, & d'un ton plus serieux. Suis-je rassurée contre Singleton ? m'a-t'il fait dire. J'ai répondu que si je n'avois pas redouté Singleton, hier au soir à la Comédie, je ne devois pas être aujourd'hui plus timide à l'Eglise; surtout lorsqu'il y a tant d'Eglifes à Londres, pour une ou deux Comédies. J'ai consenti à me faire suivre par un de ses gens. Mais il me semble qu'il est de fort mauvaise humeur. C'est de quoi je m'inquiéte peu. Je ne veux pas être assujettie continuellement à ses insolentes loix. Adieu, ma chere, jusqu'à mon retour. Les Porteurs m'attendent. Je me flatte qu'il n'aura pas la hardiesse de m'arrêter au passa-

Je ne l'ai pas vû en fortant. Dorcas m'affure qu'il paroit fort chagrin. Elle ne croit pas que ce foit contre moi ; mais il paroît qu'il eft arrivé quelque chofe qui l'irrite. Peut-être joue-t'il ce rolle, pour m'engager à dîner avec lui. Je n'y confentirai pas, fi je puis m'en defendre. Ce feroit m'expofer à n'être pas libre un moment pendant le refte du jour.

Ses inftances ont été fort vi\ees pour dîner avec moi. Mais j'étois déterminée à ne pas céder fur ce feul petit point, & j'ai pris le parti de me priver de dîner. A la vérité, j'étois à faire une lettre pour M. Morden, que j'ai recommencée trois fois fans être contente de moi-même, tant je trouve d'incertitude & de défagrément dans ma fituation. Dorcas m'a dit qu'il n'avoit pas ceffé non plus d'écrire, & qu'il avoit refufé de dîner, parce que je lui avois refufé ma compagnie.

Il m'a fait demander enfuite d'êtr

reçu du moins à l'heure du thé, en ap-
pellant, par la bouche de Dorcas, à la
conduite qu'il tint hier au soir ; comme
si c'étoit un merite pour lui de n'avoir
pas merité de reproche. C'est ce que je
lui ai fait répondre. Cependant j'ai renouvellé la promesse de le voir demain
aussitôt qu'il le souhaitera, ou de déjeuner même avec lui.

Dorcas dit qu'il est furieux. Je l'ai entendu parler fort haut, & gronder tous
les domestiques. Vous m'avez dit, ma
chere, dans une de vos lettres, que
lorsque votre mere vous chagrine, vous
avez besoin de quelqu'un que vous puissiez quéreller. Je serois bien fachée de
faire une mauvaise comparaison ; mais
l'effet des passions auxquelles on ne résiste point est le même dans les deux
sexes.

Il m'envoie dire, à ce moment, qu'il
compte de souper avec moi. Comme
nous avons passé plusieurs jours en assez
bonne intelligence, je crois qu'il ne seroit pas prudent de rompre pour une ba-
gatelle. Cependant, il est bien dur de se
voir comme forcée sans cesse, de renoncer à ses resolutions.

E iv

Pendant que j'étois à déliberer , il eſt monté ; & frappant à ma porte , il m'a dit d'un ton chagrin , qu'il me verroit abſolument le ſoir , & qu'il ne me laiſferoit pas en repos , juſqu'à ce qu'il ſût de moi ce qu'il avoit fait pour meriter ce traitement.

Il faut que je le ſatisfaſſe. Peut-être n'at'il rien de nouveau à me dire. Je ſerai de fort mauvaiſe humeur avec lui.

(Miſs Clariſſe ne pouvant ſavoir quel étoit le deſſein de M. Lovelace , ni la cauſe de ſon chagrin , c'eſt de lui même qu'il faut l'apprendre , c'eſt-à-dire , de ſes propres lettres. Après avoir decrit l'air bruſque avec lequel il étoit monté à la porte de ſa chambre pour lui demander ſa compagnie à ſouper , il continue ſon recit :)

>> Il eſt bien mortifiant , m'a répondu
>> la Perverſe , de me voir ſi peu maî
>> treſſe de moi-même. Je deſcendrai
>> dans une demie heure.

Il a fallu revenir ſur mes pas , & paſſer cette demie heure à l'attendre. Toutes les femmes m'ont excité vivement à lui donner ſujet de me traiter avec cette rigueur. Elles m'ont prouvé, par la nature de leur sexe & par celle des circonstances, que je ne devois rien espérer de ma soumission, & que je n'avois rien à craindre de pis, en me rendant coupable de la derniére offense. Elle m'ont pressé d'essaier du moins quelques familiarités plus hardies, pour voir quel en seroit l'effet : & leurs raisons étant fortifiées par le ressentiment de mes découvertes, j'étois resolu de prendre quelques libertés, d'aller plus loin, suivant la manière dont elles seroient reçues, & de rejetter toute la faute sur sa tirannie. Après m'être affermi dans cette resolution, je me suis mis à me promener dans la salle à manger, pour observer son arrivée : mais j'ai senti de l'embarras dans les jambes : jamais paralitique n'eut si peu d'empire sur ses mouvemens.

Elle est entrée, avec cet air de noblesse que tu lui connois, la tête haute, mais le visage un peu tourné ; son sein dans une charmante agitation, que cette attitude même rendoit plus sensible. Belford, comment se fait-il que l'humeur chagrine & l'air de réserve donnent de nouveaux charmes à cette fille hautaine ? Mais la beauté perd

E v

elle jamais fon empire ? J'ai remarqué tout d'un coup, que cette chere infolente étoit difpofée à fe facher. L'air fombre, que j'ai affecté lorfque ma main tremblante a faifi la fienne, lui a fait craindre auffi que je ne fuffe capable de quelque violence. Mais je n'ai pas plûtot attaché ma vûe fur elle, que je me fuis fenti le cœur pénétré d'amour & de refpect. Affurément, Belford, cette fille eft un Ange. Cependant, fi l'on n'avoit pas été fur que c'eft une femme, on ne lui auroit pas fait prendre l'habit de ce fexe depuis fon enfance. Elle - méme, fans 'cette conviction, auroit - elle continué de le porter ?

    » De grace, Mademoifelle, je vous
» demande, je vous prie de m'ap-
» prendre, ce que j'ai fait pour meriter
» votre colère ?

    » Je vous demande auffi. M. Love-
» lace, pourquoi j'ai fi peu de liberté
» dans ma retraite ? Qu'avez-vous à
» me dire depuis hier au foir, que j'al-
» lai avec vous à la Comédie, & que
» je paffai malgré moi une partie de la
» nuit à vous entendre ?

    » J'ai à dire, Mademoifelle, que je
» ne puis fupporter la diftance où vous

» me tenez, sous le même toît. J'ai
» mille chose à dire, sur nos intérêts
» présens & futurs. Mais lorsque je
» pense à vous ouvrir toute mon ame,
» vous ne pensez qu'à m'écarter de vous.
» Vous me jettez dans des incertitudes
» qui me désolent ; vous cherchez des
» délais : il faut que vous aiez des vûes,
» dont vous ne voulez pas convenir.
» Dites moi, Mademoiselle, je vous
» conjure de me dire à ce moment, sans
» detour & sans reserve, dans quel
» jour je dois paroître à l'avenir devant
» vous. Je ne puis soutenir cet éloigne-
» ment : l'incertitude où vous me tenez
» m'est absolument insuportable.

» Dans quel jour, M. Lovelace ?
» j'espère que ce ne sera pas dans un
» mauvais jour. Je vous prie, Mon-
» sieur, de ne me pas tant serrer les
» mains, (en s'efforçant de les retirer
» des miennes.) Aiez la bonté de me
» laisser libre.

» Vous me haïssez, Mademoiselle.
» Je ne hais personne, Monsieur.
» Vous me haïssez, Mademoiselle ;
» ai-je repété. Tout animé, tout déterminé que j'étois venu, j'avois besoin
de quelque nouvel aiguillon. *Satan*
sortoit de mon cœur, à la vûe d'un

Ange ennemi ; mais il avoit laiſſé la porte ouverte, & je ſentois qu'il n'étoit pas loin.

   » Vous ne me paroiſſez pas bien diſ-
» poſé, M. Lovelace. Je vois une agi-
» tation extraordinaire dans vos yeux.
» Mais, de grace, point d'emporte-
» ment. Je ne vous ai fait aucun mal.
» Faites moi la grace de ne pas vous
» emporter.

   » Cher objet de mes tranſports ! (en
» paſſant le bras autour d'elle, & tenant
» le ſien de l'autre main). Vous ne m'a-
» vez fait aucun mal ! Ah ! quel mal ne
» m'avez vous pas fait ? Par où ai-je
» merité l'éloignement où vous me
» tenez !...... Je ne ſavois ce que je
» devois dire.

Elle s'efforçoit de ſe dégager. » Je vous
» ſupplie, M. Lovelace, de me laiſſer
» ſortir. Je ne comprens point ce qui
» vous agite. Je n'ai rien fait qui puiſſe
» vous offenſer. Vous n'ête venue ap-
» paremment que dans le deſſein de me
» quéreller. Si vous ne voulez pas m'ef-
» fraier par la mauvaiſe humeur où je
» vous vois, laiſſez-moi ſortir. J'en-
» tendrai une autre fois tout ce que vous
» avez à me dire. Je vous ferai avertir
» demain au matin. Mais en vérité,

» vous m'effraiez. Je vous conjure, si
» vous avez pour moi quelque sentiment
» d'estime, de permettre que je sorte.

La nuit, la nuit, Belford, est
absolument nécessaire. Il faut que la
surprise, la terreur, fassent leur rolle
dans la dernière épreuve. Je n'ai pû
tenir mes resolutions. Ce n'est pas la
prémiére fois que je m'étois proposé
d'essaier, si cette divine fille est capable de pardonner.

J'ai baisé sa main avec une ardeur !...
» Sortez donc, chere, trop chere Clarisse !
» Oui, Je suis venu dans une humeur
» très chagrine. Je ne puis soutenir la
» distance où vous me tenez sans raison.
» Sortez néanmoins, Mademoiselle,
» puisque votre volonté est de sortir :
» mais jugez-moi généreusement. Jugez-
» moi comme je merite de l'être, & laif-
» fez-moi l'espérance de vous trouver
» demain au matin, dans les sentimens
» qui conviennent à notre situation. En
parlant, je la conduisois vers la porte,
& je l'y ai laissée. Mais au lieu de
rejoindre les femmes, je me suis retiré dans mon propre appartement,
où je me suis enfermé sous la clé ;
honteux de m'être laissé comme épou-
venter par la majesté de son visage
& par les allarmes de sa vertu.

(Ce qu'on vient de lire, n'étant qu'une addition, tirée d'une lettre de M. Lovelace, l'Éditeur nous ramene à la suite du recit de Miss Clariffe, qui décrit fa terreur dans la même occafion).

A mon entrée dans la chambre, il a pris ma main, avec un mouvement fi brufque, que j'ai vû clairement un deffein formé de me quéreller. Et quel fujet, ma chere ? De ma vie, je n'ai connu un efprit fi fier & fi impatient. L'effroi m'a faifi. Au lieu de paroître fachée, comme je me l'étois propofé, je fuis devenue la douceur même. J'aurois peine à me rappeller fes prémiers mots, tant ma fraieur étoit vive. Mais j'ai fort bien entendu ; *vous me haiffez*, Mademoifelle, *vous me haiffez :* & fon air étoit fi terrible, que j'aurois fouhaité d'être à cent lieuës de lui. Je ne hais perfonne, lui ai-je repondu ; graces au Ciel, je ne hais perfonne. Vous m'effraiez, M. Lovelace. Permettez que je me retire. Il m'a paru d'une laideur extrème. Je n'ai jamais vû d'homme fi laid, qu'il me l'a paru dans fa colère. *Et quel fujet, ma chere?* Il me preffoit la main ! l'impétueux perfonnage ! Il me ferroit la main avec

une force ! En un mot , il sembloit par
ses regards & par ses expressions , passant même une fois le bras autour de moi,
qu'il voulut me donner l'occasion de l'irriter : de sorte que je n'ai pas eu d'autre parti à prendre , que de le prier ,
comme j'ai fait plusieurs fois , de me
laisser la liberté de sortir , & de lui promettre que je reviendrois le matin , à
l'heure qu'il choisiroit lui-même.

C'est d'assez mauvaise grace qu'il s'est
rendu à cette condition. En me laissant
partir , il m'a baisé la main avec tant de
rudesse , que la marque de rougeur y est
encore.

Achevez , ma très-chere miss Howe,
achevez, je vous en conjure, votre négo-
tiation avec Madame Townsend. Je quit-
terai alors mon tiran. Ne voiez-vous pas
comment il gagne du terrain par dégrés?
Je tremble de jetter les yeux sur ses usur-
pations : & ne me donne-t'il pas sujet
ici d'apprehender de lui, plus de mal que
mon indignation ne me permet de l'exprimer ? O ma chere ! achevez votre
plan , & laissez-moi quitter un homme
si étrange. En me quérellant comme il
a fait , il doit avoir eu des vûes qu'il
n'oseroit avouer. Quelles peuvent elles
être ?

J'étois si dégoûtée de lui , & tout à la fois si effraiée , qu'en rentrant dans ma chambre , un mouvement de chagrin & de défespoir m'a fait déchirer la reponfe que j'avois faite à fes articles.

Je le verrai demain au matin , parce que je l'ai promis. Mais je fortirai enfuite de la maifon , fans être accompagnée de perfonne. S'il ne donne pas quelque explication fupportable à ce changement de conduite , je chercherai un logement particulier chez quelques honétes gens , & je ne remettrai plus ici le pied. Telle eft ma réfolution préfente. Là , j'attendrai que votre plan foit fini ; ou que vous me rendiez le fervice d'écrire vous-même à cet outrageant Perfonnage, pour faire mes conditions avec lui, puifque vous jugez que je dois être fa femme , & puifque je n'ai pas plus de fecours à tirer de moi-même. Ou peut-être prendrai-je le parti de me jetter tout d'un coup fous la protection de Mylady Lawrance; & cette demarche arrêtera l'infolente vifite qu'il menace de faire au Château d'Harloye.

(L'Editeur supprime une autre lettre de Miss Clarisse, qui contient le recit de ce qui se passa le lendemain entr'elle & M. Lovelace, & les craintes qui l'empêcherent de sortir, comme elle se l'étoit proposé. La lettre suivante, qui est de M. Lovelace, & de la même datte, renferme amplement les mêmes détails. Cependant, l'Editeur fait observer que Miss Clarisse, plus mécontente que jamais de cette nouvelle scéne, presse encore son amie de finir avec madame Townsend ; & que s'etendant aussi sur la proposition de mariage que son oncle Antonin avoit fait à Madame Howe, elle condamne les railleries excessives de son amie, à l'occasion de ce bizarre incident).

LETTRE CLXXXIV.

M. LOVELACE, à M. BELFORD.

Lundi matin, 22 de Mai.

CEtte belle personne ne connoît point la générosité. Non, c'est une vertu qu'elle ne connoît pas. Naurois-tu pas crû qu'après avoir obtenu hier la liberté de se retirer & l'avoir échappé si belle,

elle me rejoindroit de bonne heure ce matin, avec un fourire, avec des graces; & qu'elle me feroit une de fes plus agréables revérences ?

J'étois dans la falle à manger avant fix heures. Elle n'a point ouvert fa porte. Je fuis monté ; je fuis defcendu ; j'ai touffé ; j'ai appellé Will, j'ai appellé Dorcas ; j'ai pouffé les portes avec affez de violence. Elle n'en a pas plûtot ouvert la fienne. J'ai perdu ainfi mon tems jufqu'à huit heures & demie ; & le déjeuner étant prêt alors, je lui ai fait demander par Dorcas l'honneur de fa compagnie.

Ma furprife n'a pas été médiocre, lorfque fuivant cette fille à la prémiére invitation elle eft entrée toute habillée, avec fes gans & fon éventail à la main, donnant ordre en même tems à Dorcas de faire appeller des Porteurs.

Cruelle fille, ai-je dit en moi-même, de m'expofer avec fi peu de ménagement aux railleries des femmes de la maifon !

» Vous vous difpofez à fortir, Ma-
» dame ? *

Oui, Monfieur.
J'ai parû fort fot, j'en fuis fur. » J'ef-
» pére, Madame, que vous ne
» fortirez pas fans avoir déjeuné (d'un

*Il l'appelle, Madame, devant les femmes de la maifon

ton fort humble) mais je me fentois le cœur percé de mille pointes. Si j'avois eu le moindre preffentiment de fes intentions , je me ferois peut-être remonté fur le ton où j'étois la veille , & j'aurois commencé ma vangeance. Tous les furieux extraits des lettres de Mifs Howe n'ont pas manqué de me revenir à l'efprit.

Je prendrai une taffe de thé , m'a-'elle répondu. Elle a mis fon évantail & fes gants fur la fenêtre.

J'étois parfaitement déconcerté. J'ai touffé. J'ai héfité. J'ai ouvert plufieurs fois la bouche pour parler, fans avoir la force de prononcer une parole. Qui de nous deux eft le modefte! difois-je en moi-même. De quel côté eft à préfent l'infolence ? Combien la tiranie d'une femme eft capable de confondre un homme *timide*! J'ai penfé qu'elle faifoit le rolle de Mifs Howe , & moi celui d'Hickman.

La force de parler me reviendra , ai-je continué en moi-même. Elle a pris fa taffe. Moi , la mienne. Elle , en tenant les yeux fixés fur fa liqueur , comme une Souveraine altière , impérieufe , qui fent fa dignité , & dont chaque regard eft une faveur : moi , comme fon Vaffal , les levres & les mains tremblan-tes , fentant à peine ce que je tenois & ce que je portois à ma bouche.

» J'avois.... J'avois... (ai-je commencé
en goûtant au thé , quoique si chaud
qu'il me brûloit les levres) » j'avois
» quelque espérance , Madame....

Dorcas est revenue. Eh bien Dorcas,
lui a-t'elle dit , m'appelle-t'on des Porteurs ?

Maudite impertinence ! ai-je pensé.
Est-ce ainsi qu'on interrompt les gens ?
Il a fallu nécessairement attendre la
reponse de la servante à la question de
l'insolente Maîtresse.

Will vient de partir , Madame ;
a repondu Dorcas.

Il m'en a coûté une minute de silence ,
avant que j'aie pû reprendre mon discours. Enfin , j'ai recommencé ; » j'a-
» vois quelque espérance, quelque espé-
» rance , Madame , d'être admis un
» peu plus matin . . . . .

Quel tems fait-il Dorcas ? a-t'elle demandé sa à servante ; sans faire plus d'attention à moi que si je n'eusse pas été
présent.

Un tems incertain , Madame.
Le Soleil s'est caché , quoiqu'il fit très-
beau il n'y a qu'une demie heure.

Ma foi , la patience m'a manqué. Je
me suis levé brusquement. La tasse,
la soucoupe ont volé dans l'air. » Au

» diable le tems , le Soleil , & la ridi-
» cule servante , ai-je dit , qui a l'au-
» dace de m'interrompre , lorsque je
» parle à sa Maîtresse , & que j'en ai si
» rarement l'occasion.

La Belle s'est levée aussi , d'un air effraié. Elle s'est hâtée de reprendre ses
gants & son éventail.

J'ai saisi sa main. » Vous n'aurez pas
» la cruauté de sortir , Madame !
» non , vous n'aurez pas cette cruauté.

Je sortirai , Monsieur. Vos impréca-
tions contre cette fille peuvent continuer
dans mon absence , comme si j'étois
présente : à moins .... à moins que ce que
vous lui avez adressé ne me regarde moi-
même.

» Très-Chere Clarisse ! vous ne sor-
» tirez point. Non , non , vous n'au-
» rez pas la cruauté de me quitter. Un
» dedain si marqué ! un mépris de cette
» force ! des questions redoublées à
» votre servante , dans la seule vûe de
» m'interrompre ! qui pourroit le sup-
» porter ?

Ne me retenez pas , m'a-t'elle dit ,
en se débattant pour m'arracher sa main.
Je ne veux pas être forcée. Vos méthodes me déplaisent beaucoup. Vous
cherchates hier à me quéreller , sans que

j'en puiſſe imaginer d'autre raiſon que
l'excès de ma complaiſance. Vous étes
une ingrat. Je vous hais du fond du
cœur, M. Lovelace!

» Vous me mettez au déſeſpoir, Ma-
» dame. Permettez - moi de le
» dire, vous ne me quitterez point dans
» l'humeur où vous êtes. Je vous ſui-
» vrai, dans quelque lieu que vous
» alliez. Si Miſs Howe étoit de mes
» amis, vous ne m'auriez pas traité ſi
» mal. Je vois clairement d'où viennent
» tous mes obſtacles. J'obſerve, depuis
» longtems, que chaque lettre que vous
» recevez d'elle, altere pour moi votre
» conduite & vos ſentimens. Elle vou-
» droit apparemment que vous me trai-
» taſſiez comme elle traite ſon Hick-
» man. Mais il ne convient, ni à votre
» admirable caractère de tenter ce trai-
» tement, ni à moi de le recevoir.

Ce reproche a paru l'embarraſſer. Elle
n'étoit pas bien aiſe, m'a-t'elle repondu
d'abord, d'entendre parler mal de Miſs
Howe. Enſuite, ſe remettant un peu,
elle m'a dit que Miſs Howe étoit amie
de la vertu & des hommes vertueux; &
que ſi elle n'étoit pas des miennes, c'eſt
qu'apparemment je n'étois pas de ce nombre.

» Oui, Madame; & c'eſt *appa-*

» *remment* la même raison qui lui
» fait traiter M. Hickman, comme il
» est sur qu'elle ne traiteroit pas un Lo-
» velace. De tant de lettres que vous
» avez reçue d'elles, je vous défie, Ma-
» dame, de me montrer une de
» celles où elle vous parle de moi.

Où cette idée doit elle nous conduire ! a-t'elle répliqué. Miss Howe est juste. Miss Howe est bonne. Elle écrit, elle parle de chacun, comme chacun le mérite. Si vous pouvez me nommer une seule occasion, dans laquelle vous aiez marqué de la bonté, de la justice, ou même de la générosité, je chercherai celle de ses lettres qui a rapport à cette occasion, supposé que j'aie pris soin de l'en informer : & j'engage ma parole que cette lettre vous sera favorable.

Maudite sevérité ! Ne trouves-tu pas même une sorte de grossiereté, Belford, à mettre un honnête homme dans le cas de jetter les yeux derrière lui, pour se rappeller le souvenir de ses bonnes actions ?

Elle s'est efforcée de me quitter. Je veux sortir, m'a-t'elle-dit ; je le veux absolument. Vous ne me retiendrez pas malgré moi.

» En vérité, Madame, vous ne
» devez pas penser à sortir, dans l'hu-

» meur où vous êtes. Je me suis placé entre elle & la porte. Alors elle s'est jettée sur une chaise, le visage enflammé, & se servant de son éventail avec beaucoup d'action.

Je me suis mis à ses pieds. Retirez-vous, m'a-t'elle-dit ; avec un mouvement de rebut, de la main dont elle tenoit son éventail ouvert. Pour votre propre intérêt, laissez-moi! & me repoussant des deux mains; » apprens, Homme! » que mon ame est au-dessus de toi. Ne » me presse pas de te dire, avec quelle » sincérité je crois mon ame supérieure à » toi. Tu as un cœur fier, dur, impi- » toiable. Mais ta fierté m'en impose » peu. Laisse-moi, laisse-moi pour jamais.

Malgré la rigueur de ce langage, ses regards, son air, le ton de sa voix, étoient d'une merveilleuse noblesse.

» J'adore un Ange, me suis-je écrié » en penchant la tête vers ses genoux! » Ce n'est point une femme, c'est un » Ange que j'admire & que j'adore! » Pardon, divine Clarisse! Si vous êtes » de l'espèce humaine, pardonnez mes » inadvertences, pardonnez mes ine- » galités, pardonnez l'infirmité de la » nature! Qui sera jamais égal à ma » Clarisse?

Je tremblois d'admiration & d'amour. Dans le transport de ces deux sentimens, j'ai passé les deux bras autour d'elle, assise comme elle étoit encore. Elle s'est efforcée aussitôt de se lever ; mais ne cessant point de la tenir entre mes bras, je l'ai fait retomber sur sa chaise. Jamais femme ne fut plus effraiée. Cependant, quelque libre que mon action pût paroître à son cœur allarmé, je n'avois pas, dans cet instant, une seule idée qui ne me fût inspirée par le respect ; &, jusqu'à son départ, tous les mouvemens de mon cœur n'ont pas été moins purs que les siens. Après lui avoir fait promettre, qu'elle me reverroit bientôt, qu'elle renverroit les Porteurs, je lui ai laissé la liberté de se retirer.

Mais elle n'a pas tenu parole. J'ai attendu plus d'une heure, avant que de lui rappeller sa promesse. Elle m'a fait dire qu'il lui étoit encore impossible de me voir, & qu'elle me verroit aussitôt qu'elle seroit en état de descendre.

Dorcàs m'assure qu'elle a tremblé excessivement, & qu'elle s'est fait apporter de l'au fraiche & des sels. Je ne comprens rien à cette timidité. Il y a de l'excès pour l'occasion. La crainte grossit toutes sortes de maux. N'as tu

jamais obfervé que les terreurs d'un oi-
feau pris , qu'on tient actuellement dans
la main , font plus grandes fans compa-
raifon qu'on n'auroit cru qu'elles puffent
l'être , fi l'on avoit jugé de l'animal par
fon petit air d'affurance , avant qu'il fût
tombé dans le piége ?

Chere perfonne ! N'a-t'elle donc jamais joué , depuis fon enfance , à ce
qu'on appelle *de petits jeux* ? les innocentes libertés qu'on s'accorde dans ces occafions l'auroient familiarifée avec de plus
grandes. C'eft un facrilége de toucher
la robbe. Quel excès de délicateffe ! comment peut-elle penfer à devenir femme ?
Mais quel moien de favoir , avant l'é-
preuve , s'il n'y a pas de fuccès à fe promettre par des voies moins capables de
l'allarmer ? Refiftera-t'elle aux furprifes
nocturnes ? Pour celles de jour , il n'y
faut plus penfer. Le refrain de ma chan-
fon , c'eft que je puis l'époufer , quand
je le voudrai ; & fi je prens ce parti après
avoir triomphé d'elle , foit par furprife
ou par un confentement à demi forcé ,
à qui aurai-je fait injure qu'à moi-même?

Il eft deja près d'onze heures. Elle me

verra le plûtot qu'il lui fera poſſible, a-
t'elle dit à Polly Horton, qui lui a fait
une tendre viſite, & pour laquelle elle a
moins de reſerve que pour toute autre.
» Son émotion, a-t'elle ajoûté, n'eſt
» pas venue d'un excès de délicateſſe,
» ni de mauvaiſe humeur, mais de *foi-*
» *bleſſe de cœur.* Elle n'a point dit-elle
» aſſez de force d'eſprit pour ſoûtenir
» ſa ſituation, & ſes craintes, ſous le
» poids de la malediction d'un pere,
» dont elle tremble que l'effet ne ſoit
» deja commencé.

Cependant quelle contradiction ! Foi-
bleſſe de cœur, dit-elle ; avec tant de
force dans la volonté ! Ah ! Belford.
C'eſt un cœur de lion que cette fille,
dans toutes les occaſions où le point
d'honneur anime ſon courage. J'ai ob-
ſervé plus d'une fois que les paſſions
d'une femme douce, quoique plus len-
tes à s'émouvoir que dans un tempéramment vif, ſont plus ardentes & plus invincibles, lorſqu'elles ſont bien enflam-
mées. Mais le corps charmant de Clariſſe n'eſt pas organiſé ſur le ton de ſon
ame. La divinité qui habite ce beau
temple fatigue un logement trop foible
pour elle. Si la même ame s'étoit trouvée dans un corps d'homme, jamais

on n'auroit vû de plus véritable Heros.

Ma Déeſſe n'eſt point encore viſible. Sa ſanté n'eſt pas la meilleure du monde. Qu'a-t'elle donc pû craindre de mes tranſports d'admiration ? de la rudeſſe, plûtot que de la vengeance. Grand ſujet d'alteration pour ſa ſanté ! Cependant le deſir de me vanger n'eſt pas éteint. J'ai beſoin de quelque coup de maître, pour faire repentir Mis Howe & Madame Towſend de leur maudit projet , qui ſera toujours une épée ſuſpendue ſur ma tête, ſi je ne trouve pas le moien de le faire avorter. Le moindre mécontentement donnera des aîles à ma charmante; & toutes les peines que j'ai priſes , pour la priver de toute autre protection & la rendre plus dépendante de moi , deviendront inutiles. Mais je ſaurai trouver un Contrebandier , pour l'oppoſer à Madame Towſend.

Tu te ſouviens de la diſpute du Soleil & du Vent de Nord , dans la Fable. Il étoit queſtion de ſavoir qui des deux forceroit, le premier, un honnête Voiageur de quitter ſon habit.

Borée commença. Il se mit à souffler de toutes ses forces ; & la glace de son souffle causa beaucoup de mal au pauvre diable, mais sans autre effet, que de lui faire boutonner son Manteau, pour s'envelopper plus soigneusement. Phœbus, lorsque son tour fût venu, fit jouer si vivement ses raions sur le Pelerin, qu'il l'obligea dabord de se déboutonner, & bientôt de se dépouiller tout à fait. Il ne quitta prise, qu'après l'avoir mis dans la nécessité de chercher de l'ombre sous des feüillages épais, où s'étendant sur son habit qu'il avoit quitté, il retablit ses forces par quelques heures de sommeil. Le vainqueur aiant beaucoup ri de Borée & du Voiageur, continua sa course brillante, repandant son éclat & sa chaleur sur tous les objets qui s'offrirent à lui ; & le soir, après avoir détellé ses fiers Coursiers, il amusa sa Thetis par le recit de son avanture.

Voilà mon modele. Je veux, Belford, renoncer à toutes mes inventions orageuses ; & si je puis obliger ma chere *Pelerine* de quitter un moment le manteau de sa rigide vertu, je n'aurai, comme le Soleil, que des bénédictions continuelles a repandre par mes raions. Mes

heures de repos & de felicité, comme
les fiennes, feront celles que je paflerai
avec ma Déeffe.

A préfent, Belford, pour fuivre mon
nouveau fiftème, je crois que cette maifon de Madame Fretchvill eft un embarras pour moi. Je veux m'en délivrer,
pour quelque tems du moins. Mennell
prendra le moment où je ferai forti,
pour rendre une vifite à ma Déeffe, en
feignant d'avoir demandé dabord à me
voir. Pourquoi ? dans quelle vûe ?
N'eft-ce pas la queftion que tu me fais?
Pourquoi ! Tu ne fais donc pas ce qui
eft arrivé à cette pauvre Madame Fretchvill ? Je vais te l'apprendre.

Une de fes femmes fut attaquée, il y
a huit jours, de la petite verole. Les
autres cacherent cet accident à leur Maîtreffe jufqu'à Vendredi, qu'elle en fût
informée par hazard. La plus grande
partie des fleaux de notre pauvre condition mortelle vient de nos domeftiques,
que nous prenons moité par oftentation,
moitié pour notre ufage & dans la vûe
de diminuer nos peines.

Cette nouvelle a caufé tant d'épouvante

à la Veuve, qu'elle eſt priſe elle-même de tous les ſimptômes qui annoncent une attaque de cette terrible ennemie des beaux viſages. Elle ne peut plus penſer par conſequent à quitter ſa maiſon. Mais elle ne doit pas eſpérer, non plus, que nous attendions éternellement pour l'amour d'elle.

Elle regrete à préſent de tout ſon cœur, de n'avoir pas mieux connu ce qu'elle déſiroit, & de n'être pas partie pour ſa campagne lorſque j'ai commencé à traiter pour ſa maiſon. Ce fatal accident ne lui ſeroit point arrivé. Mais n'eſt-il pas bien facheux auſſi pour nous ? Helas, helas ! cette vie mortelle n'eſt compoſée que de malheurs. Il n'eſt pas beſoin de nous en attirer nous-mêmes, par notre propre pétulance.

Ainſi l'affaire de cette maiſon eſt finie, du moins pour un tems. Mais ce contre-tems m'oblige d'imaginer quelque expédient qui puiſſe le reparer. Puiſque je ſuis reduit à marcher lentement, pour rendre ma marche ſure, j'ai dans la tête, deux ou trois inventions charmantes, qui ſeroient capables même de ramener ma Belle, quand elle trouveroit le moien de m'échapper.

Qu'eſt devenu Milord M...., qui ne

m'écrit pas pour repondre à mon invitation ? Si je recevois de lui une lettre que je pusse montrer , ce seroit le moien d'avancer beaucoup ma reconciliation. J'ai pris le parti d'en écrire deux mots à Miss Charlotte. S'il ne se hâte pas de me repondre , il aura bientôt de mes nouvelles, & par des voies qui ne lui seront point agréables. Tu sais qu'il m'a quelquefois menacé de me deshériter : mais si je le renonçois pour mon oncle, je ne ferois que lui rendre justice ; & je lui causerois plus de chagrin , que tout ce qu'il peut faire de pis contre moi ne m'en causera jamais. Sa négligence différe necessairement la conclusion des articles. Comment puis-je supporter ce délai ! moi , qui pour l'exercice de mes volontés , pour l'impatience , & pour bien d'autres choses , suis une véritable femme ; & qui ne peux souffrir , plus que la meilleure de ce sexe, qu'on me manque ou qu'on me contredise.

Autre lettre de Miss Howe. Je suppose que c'est celle qui étoit annoncée dans sa dernière , & qui regarde les propositions de mariage du vieil oncle Antonin à Madame Howe. Il ne fera plus queftion, j'efpère, du complôt de contrebande. On m'apprend, que ma charmante l'a mife dans fa poche. Mais je me flatte que je ne ferai pas longtems fans la trouver au dépôt, avec toutes les autres.

Lundi au foir.

Mes inftances redoublées l'ont fait confentir à me voir dans la falle ordinaire ; à l'heure du thé, & pas plutôt.

Elle eft entrée avec un air d'embarras, fi j'en ai bien jugé ; & comme un peu confufe, d'avoir porté trop loin fes allarmes. Elle s'eft avancée lentement & les yeux baiffés, vers la table ; Dorcas préfente, & s'emploiant aux préparatifs du Thé. J'ai pris fa main, qu'elle s'eft efforcée de retirer ; & la preffant de mes levres ; » cher objet de mes adorations ! » pourquoi cette diftance, lui ai-je dit; » pourquoi ces marques de chagrin ? » Quel plaifir prenez-vous à tourmenter » fi cruellement le plus fidelle de tous » les cœurs ? Elle a dégagé fa main. J'ai voulu la reprendre. Laiffez-moi, en la retirant avec dépit. Elle s'eft affife;

Une douce palpitation, que j'ai remar-
quée au travers de tous ses charmes, m'a
fait pénétrer ce qui se passoit dans son
ame. Le mouchoir, qui cachoit son sein,
se levoit & se baissoit avec un mouvement précipité. Ses joües charmantes
étoient couvertes d'un aimable rougeur.

Au nom de Dieu ! Madame....
& pour la troisiéme fois j'ai voulu prendre
sa main, qui a repoussé la mienne.

Au nom de Dieu ! Monsieur, cessez
vous-même de me tourmenter.

Dorcas s'est retirée. J'ai poussé ma
chaise plus près de la sienne. J'ai pris sa
main, avec la plus respectueuse tendresse ; & je lui ai dit, que dans la cruelle
distance où elle me tenoit, il m'étoit impossible de ne pas lui exprimer avec une
mortelle inquiétude, la crainte où j'étois
que s'il y avoit quelque homme au monde qui lui fût plus indifferent, pour ne pas
dire plus odieux qu'un autre, ce ne fût
le malheureux qu'elle voioit devant elle.

Elle m'a regardé un moment d'un œil
fixe ; & sans retirer sa main, que j'avois
dans les miennes, elle a tiré de l'autre
son mouchoir de sa poche. Elle a tourné
la tête du même côté, pour essuier une
larme ou deux, qui demandoient un pas-
sage ; mais elle ne m'a repondu que par
un profond soupir.

Je l'ai preſſée de parler, de jetter les yeux ſur moi, de me rendre heureux par un regard plus favorable.

J'avois raiſon, m'a-t'elle dit, de me plaindre de ſon indifférence. Elle ne connoiſſoit rien de généreux dans mon caractère. Je n'étois pas un homme qu'on pût obliger, ni traiter avec la moindre faveur. Mon étrange conduite, depuis ſamedi au ſoir, l'en avoit convaincue. Toutes les eſpèrances qu'elle avoit conçûes de moi s'étoient évanouies. Elle ne voioit plus rien, dans mes manières, qui ne lui cauſât du dégoût.

Ce langage m'a picqué juſqu'au vif. Je crois que les coupables ſe revoltent plus contre la verité qui les montre à découvert, que les innocens contre la calomnie qui oſe les traveſtir. J'ai prié ma charmante d'écouter avec patience l'explication que je devois à ce change-ment. J'ai fait un nouvel aveu de la fierté de mon cœur, qui ne pouvoit ſoutenir dans une femme, à qui je me flattois d'appartenir un jour, ce défaut de pré-férence qu'elle m'avoit toujours donné raiſon de lui reprocher. Le mariage, ai-je dit, étoit un état dans lequel on ne devoit point entrer, de part & d'autre, avec une froide indifference.

Il n'y a qu'une insolente présomption, a-t'elle interrompu vivement, qui puisse faire attendre des marques d'estime à ceux qui ne font rien pour les mériter. Vous jugez mal de moi, M. Lovelace, si vous croiez que de vils motifs puissent m'inspirer de l'amour pour ce qui n'en est pas digne. Miss Howe vous apprendra, Monsieur, que je n'ai jamais aimé les fautes de mon amie, & que je n'ai jamais souhaité qu'elle aimât les miens. C'est une règle, entre-elle & moi, de ne pas nous épargner. Pourquoi donc un homme qui n'offre que des fautes, (car dites-moi, Monsieur, quelles sont vos vertus) se croiroit il en droit d'exiger mon estime ? Je ne meriterois pas même la sienne, si j'étois capable de cette aveugle bassesse. Il ne me devroit que du mépris.

Il est vrai, Madame, que vous avez soûtenu parfaitement cette noble manière de penser. Vous n'êtes point en danger d'être meprisée; pour des marques de tendresse ou de faveur que vous aiez accordées à l'homme qui est devant vous. Il paroît que tous vos soins se sont tournés à faire naître ou à saisir les occasions de déclarer, que si vous avez eu quelques pensées en ma faveur, ce n'est rien

moins que par votre propre choix. Mon
ame entière , Madame , dans toutes ses erreurs , dans tous ses desirs &
dans toutes ses vûes , auroit été ouverte
& nue devant vous , si j'avois été encou-
ragé par une part assez libre à votre confiance & à votre estime , pour me ras-
surer contre les facheuses interprétations
que j'ai tremblé de vous voir donner à
tout ce que j'aurois pû vous dire ou vous
proposer. Jamais un cœur n'eût plus de
franchise. Jamais personne ne fût plus disposée à reconnoître ses fautes. (C'est la
verité Belford). Mais vous savez , Madame , combien nous avons été loin
de ces heureux termes. La défiance , la
reserve de votre part , ont produit de la
mienne le doute & la crainte. Nulle confiance mutuelle ; comme si nous avions
supposé de part & d'autre plus de dissi-
mulation que d'amour. Combien ai-je
redouté chaque lettre que je vous ai vûe
recevoir par le ministère de Wilson ? &
ce n'est pas sans raison ; puisque la dernière , dont j'avois conçu tant d'espérance , à l'occasion des articles que je vous
ai proposés par écrit , n'a point eu d'autre effet , si j'en dois juger par le refus
que vous fîtes hier de me voir , (quoique vous fussiez en état de sortir , &

même dans une chaife , pour m'ôter la
fatisfaction de vous accompagner) , que
de vous irriter plus que jamais contre
moi.

Je fuis coupable , apparemment , m'a
répondu la Belle indignée , d'avoir été
à l'Eglife ; & fans être accompagnée d'un
homme que fon inclination n'y porteroit
gueres , s'il ne m'y voioit aller. Je fuis
coupable d'avoir fouhaité de me recueillir un peu le Dimanche , après avoir eu
la complaifance d'aller avec vous à la
Comédie , & de paffer avec vous une
partie de la nuit. Voila mes crimes :
voila ce qui m'a fait meriter d'être punie ; ce qui vous a mis en droit , fans
doute , de me forcer de vous voir , &
de m'effraier , lorfque je vous ai vû , par
les manières les plus choquantes qu'on
ait jamais prifes avec une femme , que
rien n'oblige à les fouffrir. L'humeur de
mon pere n'eft point échappée à votre
cenfure , M. Lovelace : mais ce qu'il
a montré de pis , après le mariage , n'eft
pas comparable à ce que vous avez montré vingt fois d'avance. Que dois-je attendre de vous à l'avenir , en vous con-
fiderant du côté le plus favorable ? Mon
indignation s'échauffe , au moment que
je vous parle , lorfque je me rappelle

vingt traits de votre conduite, aussi cor-
traires à la generosité qu'à la politesse,
pour une personne que vous avez jettée
dans les disgraces dont elle gemit. En
vérité, j'ai peine à vous souffrir devant
mes yeux.

Elle s'est levée ici, en étendant les
bras, & tournant la tête pour cacher
ses larmes : O mon cher papa ! s'est
écriée l'inimitable fille, vous auriez
pû vous épargner une malediction terrible, si vous aviez su comment je me
trouve punie, depuis l'instant que mes
pieds égarés m'ont conduite hors des
portes de votre jardin, pour joindre M.
Lovelace ! Ensuite se laissant retomber
sur sa chaise, elle s'y est noiée dans ses
pleurs.

Ma très-chere vie ! lui ai-je dit, en
prenant ses mains, qu'elle tenoit encore
étendues ; qui pourroit soutenir une in-
vocation si touchante, quoique si pas-
sionnée ! (Comme j'espère de vivre,
Belford, je me sentois tremblant ; quelques larmes se sont présentées sous mes
paupiéres, & j'osois à peine exposer mon
visage au sien). Qu'ai-je donc fait, pour
meriter cette impatiente exclamation ?
Vous ai-je donné sujet, en aucun tems,
par mes discours, par mes actions, par

mes regards, de douter de mon honneur, de mon respect, de mon adoration. Je puis donner ce nom à mes sentimens, pour vos celestes vertus ? De part & d'autre, le mal vient de ne pas nous entendre. Daignez m'éclaircir vos idées, comme je vais vous expliquer les miennes, & nous serons aussitôt heureux. Plût au Ciel que je pusse l'aimer comme je vous aime ! & si je doutois néanmoins d'un retour de sentimens, que je perisse, si je sais comment je pourrois souhaiter de vous voir à moi ! Laissez-moi penser, très-chere Clarisse, laissez-moi seulement penser que je suis votre choix de préférence ! souffrez que je me flatte de n'être point haï, de n'être pas méprisé ! .....

Ah Monsieur Lovelace ! nous avons vecu ensemble assez longtems, pour être fatigués de l'humeur & des manières l'un de l'autre. Elles se conviennent si peu, que vous devez vous sentir peut-être aussi dégouté de moi que je le suis de vous. Je crois… je crois, qu'il ne m'est pas possible d'accorder le retour, que vous demandez aux sentimens dont vous faites profession pour moi. Mon caractère naturel est tout à fait alteré. Vous m'avez donné une fort mauvaise opinion de tout votre sexe, & particuliérement de vous. Vous m'en avez fait prendre en même tems une si facheuse de moi même, qu'aiant perdu pour jamais cette satisfaction, ce témoignage intérieur de mes propres sentimens, qui est necessaire à une femme pour se soutenir avec dignité pendant le cours de cette vie , je ne serai jamais capable de lever la tête d'un air assuré.

Elle s'est arrêtée. J'ai gardé le silence. Sur mon Dieu, ai-je pensé en moi-même, cette divine fille est capable à la fin de me perdre entiérement.

Elle a repris : que me reste-t'il à désirer, sinon, que vous me déclariez libre de toute obligation par rapport à vous , & que vous ne m'empechiez pas de suivre le cours de ma destinée ?

Elle s'est arrêtée encore une fois. Mon silence a continué. Je méditois si je ne devois pas renoncer à tous mes projets sur elle ; si je n'avois pas assez de preuves d'une vertu & d'une grandeur d'ame , supérieures à tous les soupçons.

Elle a repris encore : votre silence m'est-il favorable , M. Lovelace ? Dites moi que je suis libre de toute obligation à votre égard. Vous savez que je ne vous ai jamais fait de promesse. Vous savez que vous n'êtes pas lié par les vôtres. Je ne

m'embarrasse point du mauvais état de
ma fortune . . . . .

Elle alloit continuer. Ma très-chere
vie ! ai-je interrompu, quoique vous
me laisiez dans un si cruel doute de votre
affection, je me suis emploié pendant
ces derniers jours aux préparations nup-
tiales. Je suis actuellement en traité pour
des équipages.

Des équipages Monsieur ! de l'éclat !
du clinquant ! Qu'est-ce qu'un équipage,
qu'est-ce que la vie & tout ce qu'elle peut
offrir, pour une malheureuse fille qui est
tombée si bas dans sa propre opinion; qui
gemit sous la malediction d'un pere;
qui ne peut tourner les yeux sur elle-
même sans reproche, ni les jetter devant
elle sans terreur ! confirmée dans ces
fatales idées par l'opposition qu'elle trouve à tous ses desirs ! obligée de renoncer à ses plus cheres inclinations ! privée
de toutes sortes de plaisirs & d'espérances!
Ne me refusez pas la liberté de chercher
un azile, dans quelque coin obscur,
ignoré, où ni les ennemis que vous m'a-
vez faits, ni le peu d'amis que vous m'a-
vez laissés, ne puissent jamais entendre
parler de celle qu'ils supposent coupable; jusqu'à l'heureux moment de sa
mort, qui fera revivre peut-être leur

tendreſſe & leur compaſſion , en expiant toutes ſes fautes.

Il ne m'eſt pas venu un mot à repondre pour moi-même. Jamais une guerre de cette eſpèce ne s'étoit élevée dans mon ame ; la reconnoiſſance & l'admiration combattant de miſérables habitudes , des reſolutions préméditées & des vûes dont tu ſais combien je me ſuis glorifié ! Cent nouvelles inventions , que j'ai roulées dans ma tête & dans mon cœur , y faiſoient face à la tentation d'être honête ; les injures de Miſs Hove ſe préſentoient pour les ſeconder ; & je ne leur trouvois plus aſſez de force pour me défendre. J'étois un homme perdu , ſi Dorcas n'avoit paru fort à propos avec une lettre. L'adreſſe portoit : *Ouvrez ſur le champ , Monſieur.*

Je me ſuis approché d'une fenêtre. J'ai ouvert cette lettre miſtérieuſe. Elle étoit de Dorcas même , qui me preſſoit en deux mots , » d'arrêter Madame, pour » lui donner le tems de tranſcrire un pa- » pier d'importance. Elle me promet- toit de touſſer lorſqu'elle auroit fini.

J'ai mis la lettre dans ma poche , & je ſuis retourné vers ma charmante : moins déconcerté ; comme elle avoit eu le tems de ſe remettre un peu pendant ma lecture. Une grace, lui ai-je dit, très-chere Clariffe ! Que j'apprenne feulement fi Mifs Howe approuve mes propofitions. Je fais qu'elle eft mon ennemie. Mon intention étoit de vous rendre compte du changement que vous m'avez reproché dans ma conduite ; mais vous m'en avez fait perdre l'idée par votre petit emportement. En verité, ma chere Clariffe, vous vous êtes emportée avec beaucoup de chaleur. Croiez-vous qu'il ne foit pas bien chagrinant pour moi de voir mes defirs fi longtems remis ou rejettés, en faveur de vos vûes prédominantes pour une reconciliation avec votre famille, qui ne fouhaite rien moins que de fe reconcilier ? Delà vient le délai que vous avez apporté à la célébration , avant notre arrivée à Londres , malgré mes preffantes inftances , & quoiqu'outrageufement traitée par votre fœur & par toute votre famille ; delà , cette facilité que vous avez eue à vous prévenir contre mes quatres amis , & à vous offenfer de la hardieffe que j'ai eue de me faifir d'une lettre égarée ; me figurant peu que dans le commerce de deux Dames , telles que vous & votre amie , ma curiofité pût trouver le fujet d'une mortelle injure. Delà , l'éloignement où vous

m'avez tenu pendant une femaine entiére,
pour attendre le fuccès d'une autre ne-
gociation. Mais après avoir reconnu
qu'elle étoit inutile ; après avoir envoié mes articles à Mifs Howe , pour lui
en demander fon opinion, comme je vous
l'ai confeillé moi-même ; après m'avoir
honoré de votre compagnie Samedi au
foir à la Comédie , & me devant le témoignage que jufqu'au dernier moment
ma conduite n'a pas céffé d'être irrepro-
chable ; le changement , Mademoifelle,
que j'ai remarqué dès le jour fuivant dans
la votre , n'a-t'il pas du me caufer autant
de furprife que de douleur ? & lorfque
je vous y ai vûe perfifter, après avoir reçu
la reponfe que vous attendiez impatiemment de Mifs Howe, n'ai-je pas dû conclure qu'il venoit uniquement de fon influence ? N'ai je pas dû juger qu'il fe
formoit quelque nouvelle négociation ,
quelque nouveau projet , qui vous m'et-
toit dans la néceffité de me tenir éloigné
de vous pour en attendre le fuccès , &
dont le but étoit de vous arracher pour
jamais à moi ? Car ce facrifice n'a t'il
pas été conftamment votre article préliminaire ? Suis-je donc coupable , Mademoifelle , d'être devenu furieux de
cette crainte , & n'ai-je pas eu droit de

vous reprocher que vous n'aviez pour moi
que de la haine ? Aujourd'hui , très-
chere Clariffe , qu'il me foit permis de
vous demander encore une fois, ce que
Mifs Howe penfe de mes propofitions ?

Si j'étois d'humeur à difputer avec vous,
M. Lovelace , il me feroit fort aifé de
répondre à votre belle harangue. Mais je
me contenterai de vous dire , à préfent,
que vos procédés m'ont toujours paru
inexplicables. Si vous n'avez eu que
de juftes intentions , il me femble que
vous vous êtes fort étudie à les rendre
obfcures. Je ne puis décider, fi c'eft
faute d'une tête claire , ou d'un cœur
net ; mais je fuis réellement perfuadée
que la plus grande partie de votre étrange
conduite doit être attribuée à l'un ou
l'autre de ces deux défauts.

Malediction , me fuis-je écrié , fur le
petit diable , qui vous excite à penfer fi
mal du cœur le plus fidelle du monde !

》 Comment ofez-vous , Monfieur ? ...
Elle s'eft arrêtée là , dans la crainte apparemment de s'expliquer trop , comme
j'avois deffein de l'y engager.

Comment j'ofe .... quoi donc ? Mademoifelle , en la regardant d'un air qui
fignifioit beaucoup. Qu'ai-je ofé ?

》 Dangereux efprit ! ofez vous.....l'expreffion a paru lui manquer encore une fois.

J'ofe.... qu'ai-je donc ofé, Mademoifelle, & pourquoi *dangereux efprit* ?

» Comment ofez-vous maudire *quel-*
» *qu'un* en ma préfence ?

C'étoit revenir doucement fur fes pas: Mais on n'échappe pas fi facilement à Lovelace.

» Quoi donc ? chere Clariffe, y a-
» t'il *quelqu'un* en effet qui vous excite ?
» *Si quelqu'un* fait ce rolle contre moi ,
» je le maudis, n'en doutez pas ; quel
» qu'il puiffe être.

Elle a paru dans une charmante petite fureur. C'eft la premiére fois que les dez ont été en ma faveur.

» Je vois, Mademoifelle, que mes
» foupçons ne m'ont pas trompé. Il
» m'eft facile à préfent d'expliquer une
» humeur, qui ne peut vous être naturelle.

Artificieux efprit ! Eft-ce ainfi que vous me faites donner dans tous vos piéges ? Mais fachez, Monfieur, que je ne reçois des lettres que de Mifs Howe. Mifs Howe n'approuve pas plus que moi plufieurs de vos procédés ; car je lui communique tout ce qui m'arrive. Cependant elle n'eft pas plus votre ennemie que la mienne. Elle croit que je ne dois pas refufer vos offres, & que je dois me

foumettre à mon fort. Vous êtes inftruit
à préfent de la verité. Plût au Ciel que
vous fuffiez capable d'autant de bonne
foi !

     ’’ Je le fuis, Mademoifelle. Ici, à
’’ genoux devant mon adorable Clariffe,
’’ je renouvelle tous les fermens qui doi-
’’ vent me donner à elle , pour jamais à
’’ elle ; & je n’afpire qu’au moment de
’’ pouvoir benir, elle & Mifs-Howe tout
’’ d'une haleine.

Pour te parler fincérement, Belford,
j’avois commencé à foupçonner cette
Mifs Howe , qui n’aime pas Hickman,
j’en fuis fur , d'être amoureufe de moi.

Levez-vous, Monfieur , m’a dit la
majeftueufe Clariffe, d'un ton folemnel;
quittez une pofture que vous ne prenez
que trop aifément, & ne vous mocquez
pas de moi.

Une pofture , ai-je dit en moi-même,
qui me paroit toucher peu ma fiere
Déeffe ; mais elle ne fait pas tout ce que
cette pofture m’a fait obtenir de fon fexe,
ni combien de fois on m’a pardonné des
entreprifes affez hardies , lorfque j’ai demandé grace à genoux.

     ’’ Me mocquer de vous , Mademoi-
felle ! O Dieu !… Je me fuis levé. J'ai
recommencé à la preffer pour le jour. Je
me

me suis blamé moi-même , d'avoir fait
à Milord M ... une invitation qui pouvoit m'expofer à quelque retardement ,
à caufes de fes infirmités. Je lui ai dit ,
que j'écrirois à ce vieil oncle pour lui
faire mes excufes ; que je lui marquerois
le jour qu'elle auroit la bonté de me fixer;
& que s'il ne pouvoit arriver à tems ,
nous prendrions le parti de ne pas l'attendre.

Mon jour , m'a-t'elle répondu fiére-
ment, c'eft jamais. Ce langage, Monfieur , ne doit pas vous furprendre. Une
perfonne de quelque politeffe , qui ju-
geroit entre nous , n'en feroit point étonnée. Mais en verité , M. Lovelace ,
(pleurant d'impatience) , ou vous ne
favez gueres comment il convient de traiter avec un efprit un peu delicat , malgré votre naiffance & votre éducation ;
ou vous êtes un ingrat. Pire qu'un ingrat,
a-t'elle ajouté après un moment de reflexion. Je me retire. Je vous verrai demain au matin. Il m'eft impoffible de
vous voir plûtot. Je crois que je vous
hais ..... Vous me regardez en vain ; je
crois réellement que je vous hais : & fi
je me confirme dans cette idée par le nouvel examen que je vais faire de mon
cœur , je ne voudrois pas , pour le mon-

de entier, que les affaires fuſſent pouſſées plus loin entre nous.

J'étois trop chagrin, trop déconcerté, pour l'empêcher de ſe retirer. Cependant elle ne ſeroit pas ſortie, ſi Dorcas n'avoit pas touſſé.

Cette fille eſt venue à moi, auſſitôt que ſa Maîtreſſe lui a laiſſé la liberté de deſcendre. Elle m'a donné la copie qu'elle venoit de faire. Que pouvoit-ce être qu'une réponſe a mes articles, que l'admirable Clariſſe ſe propoſoit apparemment de me donner, quoi qu'elle ne m'en eût pas parlé ?

Je n'ai fait que parcourir ce touchant Ecrit. Je n'aurois pas fermé l'œil de toute la nuit, ſi je l'avois lû plus attentivement. Demain, j'en ferai le ſujet de mes ſerieuſes méditations.

LETTRE CLXXXV.

M. LOVELACE, à M. BELFORD.

Mardi matin, 23 de Mai.

LA chere personne, me fait prier de remettre notre entre-vûe à l'après-midi. Dorcas me dit qu'elle n'est pas bien.

Lis ici, si tu veux, le papier que Dorcas a transcrit. Il me seroit impossible de continuer mes projets contre cette admirable fille, si je n'étois resolu, après quelques autres épreuves, aussi noblement soûtenues que celles dont je t'ai rendu compte, d'en faire legitimement ma femme; supposé du moins qu'elle ne me haïsse pas.

A Monsieur LOVELACE,

Lorsqu'une femme entre dans l'état du mariage, ce lien, le plus sacré qu'il y ait sur la terre, l'oblige dans tous les cas de la justice naturelle, & dans tout ce qui peut intéresser l'honneur de son

G ij

mari , de foumettre fa propre volonté à la fienne. Mais , auparavant , je ferois bien aife , fuivant le defir que j'en ai toujours marqué , d'avoir les plus claires affurances , que toutes les voies poffibles feront emploiées pour éviter d'entrer en procès avec mon pere. Le tems & la patience rameneront tout à d'heureux termes. Mes vûes de bonheur font extrêmement refferrées. Le droit d'un mari fera toujours le même. Je fouhaiterois que fi les difcuffions devenoient neceffaires , elles fuffent fufpendues pendant le tems de ma vie. L'état de votre fortune , Monfieur , ne vous obligera pas d'emploier la violence pour arracher mon bien des mains de mon pere. Je ferai tout ce qui dépendra de moi , foit du côté de ma perfonne & de mes plaifirs, foit par cette efpèce d'œconomie qu'une femme mariée , de quelque rang qu'elle foit , ne doit pas croire au-deffous d'elle, pour prévenir la néceffité de ces violentes mefures ; & s'il n'arrive pas qu'elles foient néceffaires , il faut efpérer que des motifs moins excufables n'auront aucune force. Je parle de ces motifs qui doivent venir d'une petiteffe d'ame , qu'une femme qui n'auroit pas cette petiteffe, ne pourroit trouver dans fon mari , fans

être tentée de le méprifer, quelque at-
tachement qu'elle eût pour fon devoir ;
furtout dans des cas où fa propre famille,
qui fait une partie fi confiderable d'elle-
même, & qui a fur elle des droits, du
moins fecondaires, qu'elle ne peut jamais perdre, eft effentiellement inté-
reffée.

C'eft donc un article que je recommande
très-ferieufement à votre confideration,
comme ce que j'ai de plus à cœur au
monde. Je n'entre ici dans aucun détail,
fur la fatale méfintelligence qui eft entre
vous & mes proches. La faute eft peut-être
des deux côtés : mais dans l'origine,
Monfieur, le mal vient de vous. C'eft
vous, du moins, qui avez donné un
prétexte trop plaufible à l'antipathie de
mon frere. Vous ne vous êtes pas fait une
étude de la complaifance. Vous avez
mieux aimé porter les imputations dont
on vous a chargé, que de faire le moindre effort pour les détruire.

Mais ce fujet peut conduire à d'odieu-
fes recriminations. Qu'il me foit permis
feulement de vous rappeller ici, que
vous leur avez derobé une fille qu'ils
aimoient cherement, & que le reffentiment qu'ils en ont conçu n'eft que pro-
portioné à leur tendreffe & à la perte de

leurs efpérances. S'ils ont commis des
fautes dans quelques-unes de leurs mefures, qui fera leur juge, lorfqu'ils ne fe
reconnoiffent pas coupables ? Vous,
Monfieur, qui voulez juger de tout le
monde à votre gré & qui ne voulez être
jugé de perfonne, vous n'avez pas droit
en particulier de vous établir leur juge.
Ils peuvent donc marcher tête levée.

Pour ce qui me regarde moi-même,
je dois laiffer à votre juftice (ainfi paroit
en ordonner ma deftinée) le foin de me
traiter comme vous me croirez digne de
l'être. Mais fi votre conduite future, à
l'égard de mes proches, n'eft pas gouvernée par cette haine implacable dont
vous accufez quelques-uns d'entre-eux,
la fplendeur de votre famille & l'excellent caractère d'une partie de la mienne
ferviront par degrés à ramener les efprits.
Cette victoire n'eft pas impoffible, quoique je la croie d'autant plus difficile, que
les profpérités extraordinaires rendent
l'ame plus impatiente & plus fenfible
aux injures. Je vous avoue qu'en reflechiffant fur le caractère de quelques perfonnes de ma famille, j'ai fouvent gemi
en fecret, de voir que leur immenfe fortune étoit devenue pour eux comme un
piége; auffi dangereux peut-être que

l'ont été pour vous quelques autres biens accidentels , qui étant moins immediatement votre ouvrage , vous autorisent moins encore à vous en glorifier.

Je n'ajouterai qu'une réflexion sur le même sujet : C'est que la complaisance n'est point une bassesse. Il y a de la gloire à ceder , quoiqu'un esprit violent ne la connoisse point. Peut-être mon frere n'y est-il pas plus sensible que vous. Mais comme vous avez des talens qu'il n'a point , je souhaiterois que les difficultés qui vous empêchent tous deux de vaincre une aversion mutuelle, vinssent moins de votre part que de la sienne; car c'est une de mes plus ardentes espérances, que vous parviendrez tous deux à vous voir quelque jour, sans qu'une femme & une sœur ait à trembler pour les suites. Non que je souhaite jamais de vous voir ceder sur des points qui concernent le veritable honneur : Non Monsieur. Je serois làdessus aussi délicate que vous ; plus délicate , j'ose le dire , parce que ma délicatesse seroit plus uniforme. Que je trouve vaine & méprisable , une fierté qui n'a pour objet que des points frivoles , & qui néglige ou qui tourne en raillerie les points d'importance !

» Cet article obtenant la considération

» qu'il merite, tout le reste devient
» aisé. Si j'acceptois la généreuse pen-
» sion que vous m'offrez, avec les som-
» mes qui me reviennent de la succession
» de mon grand pere, & qui doivent
» être considérablement multipliées de-
» puis sa mort, je regarderois comme
» un devoir de les mettre en reserve pour
» le bien de la famille, & pour les éve-
» nemens qui peuvent arriver sans avoir
» été prévus. Quant à mon usage, je
» saurai toujours me borner à une très-
» petite partie de mon revenu, quel
» qu'il puisse être; & tout ce que je de-
» sire, c'est de me trouver en état de
» satisfaire, dans l'occasion, le pen-
» chant que j'ai à secourir les miséra-
» bles, auxquels il n'y a point de mau-
» vaise conduite à reprocher. Dans cette
» vûe, deux cens guinées borneroient
» honnetement mes desirs; ou s'il arri-
» voit que j'eusse besoin de quelque
» chose de plus, je ne ferois pas diffi-
» culté de vous le demander; a moins
» cependant que vous défiant de votre
» propre œconomie, vous ne jugeassiez
» à propos de me laisser la conduite
» d'une plus grosse somme, dont je vous
» rendrois compte reguliérement.

» A l'égard des habits, j'en ai deux

» complets, que je n'ai jamais portés,
» & qui peuvent suffire à present pour
» toutes sortes d'occasions. Pour les
» diamans, j'ai ceux de ma grand-mere,
» auxquels il ne manque que d'être
» remontés ; outre la garniture dont
» mon pere m'avoit fait présent. Quoi-
» qu'on ait refusé de me les envoier, je
» ne doute point qu'ils ne me soient ren-
» dus, lorsque je les ferai demander
» sous un autre nom : & jusqu'alors, je
» ne desire point d'en porter.

» Quant aux plaintes qui regardent
» ma défiance, j'en appelle à votre pro-
» pre cœur. Si vous pouvez vous met-
» tre un moment à ma place, en jettant
» les yeux en arrière sur diverses par-
» ties de vos actions, de vos discours &
» de votre conduite, je vous demande,
» Monsieur, si je ne merite pas plûtot
» votre approbation que votre censure,
» & si de tous les hommes du monde,
» vous n'êtes pas celui de qui je suis le
» plus en droit de l'attendre. Si vous ne
» le pensez pas, vous me permettrez
» de vous avertir, qu'il y a trop peu
» de rapport entre nos caractères & nos
» idées, pour vous faire jamais souhai-

G v

» ter entre-nous une liaison d'intérêts
» plus intime.   CL. HARLOVE.

20 de Mai.

Dorcas m'assure , que l'original de ce charmant Ecrit étoit presque déchiré en deux ; dans quelque mouvement de dépit, je suppose. Convient-il à ce sexe, dont la principale gloire est la douceur, la patience & la résignation , de se laisser jamais emporter par la colère ? Celle qui s'accorde ces libertés, dans l'état de fille, ne sera-t'elle pas capable d'en prendre de plus grandes avec le titre de femme ?

Une femme en colère ! Je veux bien l'apprendre à tout ce beaux sexe ; c'est la plus folle de toutes les impudences que la colère d'une femme , si ce qu'elle se propose n'est pas une separation éternelle ou la plus noire défiance. Car n'est-ce pas renoncer tout d'un coup à la douceur des plaintes , aux charmes de la persuasion, au pouvoir des tendres soupirs , à tout ce qu'il y a de touchant pour la Majesté Impériale d'un mari dans les regards humbles , dans les gestes & les accens de la douleur , qui hâtent la reconciliation, & dont l'effet ordinaire est de la rendre durable. En supposant même que le tort soit de notre côté , les plaintes d'une femme n'en tirent-elles pas plus de force?

Il me semble que l'intérêt d'un mari est d'avoir quelquefois tort, pour faire briller sa chere moitié. Miss Howe dit à ma Déesse, que *l'adverfité est sa saifon brillante*. Je trouve qu'il y a de la générofité dans un homme à faire briller sa femme aux dépens de son propre repos, à lui permettre de triompher de lui par la patience : & quand il feroit trop jaloux de fon autorité abfolue pour reconnoître fur le champ le tort qu'il a, elle ne laiffera pas de recueillir dans la fuite le fruit de fon refpect & de fa foumiffion, par la haute idée qu'il concevra de fa prudence & de fon caractère obligeant. C'eft le moien de fe rendre par dégrés la Maîtreffe de fon Maître. Mais qu'un femme ofe refifter ! qu'elle puiffe mettre de la fureur dans fes yeux & dans fon langage ! ah ! Belford, c'eft affez pour dégoûter tous les hommes fenfés du mariage.

Dorcas a pris cet Ecrit dans un tiroir de la table de fa Maîtreffe, qui étoit à le relire apparemment, lorfque je lui ai fait demander la permiffion de prendre le thé avec elle ; & la fine foubrette l'aiant apperçu entre fes mains, a feint de détourner les yeux, pour lui laiffer le tems de le cacher dans le tiroir où elle l'a trouvé.

G vj

Mais autant que j'en puis juger, il me semble que je me ferois bien paffé de cette lecture. Tout déterminé que j'étois à commencer mes opérations, je fens qu'en un inftant toutes mes refolutions font changées en fa faveur. Cependant je donnerois volontiers quelque chofe de bon, pour être convaincu qu'elle n'a pas affecté de cacher l'écrit devant fa fervante, dans la vûe de le faire tomber entre mes mains; ou peut-être pour découvrir, fuivant l'avis de Mifs Howe, fi Dorcas eft plus de fes amies que des miennes. Le moindre foupçon que j'en aurois, ne tourneroit point à fon avantage. Je n'aime point qu'on emploie la rufe avec moi. Chacun voudroit être le feul à qui l'exercice de fes propres talens fût permis. Je crains auffi que tu ne faffes fervir mes aveux à fortifier tes argumens. Mais fois perfuadé que je fais là-deffus tout ce que tu peux me dire. Epargne toi de miférables reflexions, je t'en prie; & laiffe cette excellente fille à moi & à notre deftin, qui difpofera de nous comme il l'a refolu. Tu fais les vers de Cowley (*)

Mais après-tout, je fuis faché, prefque faché, (comment le ferois-je tout

______

(*) Il cite un endroit de ce Poëte, qui attribue tout au Fatum.

à fait , lorfqu'il ne m'eſt pas donné de le pouvoir ?) Oui, preſque faché de ne pouvoir me reſoudre au mariage , ſans avoir pouſſé l'épreuve un peu plus loin. Je viens de relire cette reponſe à mes articles. Que je la trouve adorable ! Cependant , encore une fois cependant, cette reponſe ne m'a pas été envoiée. Ainſi , ce n'eſt pas la reponſe de ma charmante. Elle n'eſt point écrite pour moi , quoi-qu'elle le ſoit à moi. Loin d'avoir voulu me l'envoier , Clariſſe l'a déchirée , peut-être avec indignation , la croiant trop bonne apparemment pour moi. C'eſt l'avoir abſolument retractée. Pourquoi donc ma folle tendreſſe cherche-t'elle à lui donner le même prix , dans mon cœur, que ſi c'étoit une réponſe avouée ? Cher Belford , je t'en prie , laiſſe-nous à notre deſtin. N'entremets pas tes inſenſés raiſonnemens , pour affoiblir un eſprit deja trop chancellant , & pour fortifier une conſcience qui s'eſt déclarée de ſon parti.

C'eſt à moi-même que je veux parler. Souviens-toi, Lovelace , de tes nouvelles découvertes. Souviens-toi de ſon indifférence , accompagnée de toutes les apparences de la haine & du mépris. Conſidére-là renfermée, même à préſent,

dans ſes reſerves & dans ſes miſtères;
méditant des complôts, autant que tu l'as
reconnu , contre le droit ſouverain que
tu as ſur elle à titre de conquête. Enfin
rappelle toi tout ce que tu as juré de te
rappeller contre cette fiére Beauté , qui
n'eſt qu'une rebelle au pouvoir ſousle-
quel elle s'eſt engagée.

Mais comment te propoſes-tu donc de
ſubjuguer cette douce ennemie ? Loin
toute eſpèce de force ; loin la néceſſité
de l'emploier , ſi elle peut être évitée !
Quel triomphe à ſe promettre de la force ? Eſt-ce vaincre la volonté ? Eſt-ce
faire ſervir par degrés les tendres paſſions
du cœur à ſa propre défaite ?

Ma maudite reputation , comme je
l'ai ſouvent remarqué , a toujours été
contre moi. Cependant Clariſſe n'eſt-
elle pas une femme ? Ne puis-je trouver
un inſtant de demie faveur , ſi ce n'eſt
pas abſolument la haine qui l'indiſpoſe
contre moi ?

Mais qu'emploierai-je pour la tenter ?
Elle eſt née pour les richeſſes ; elles les
mépriſe , parce qu'elle en connoît la
vanité. Des joïaux , des ornemens....
de quel prix peuvent-ils être pour une
ame qui doit ſentir ce qu'elle vaut , &
ne rien connoître de plus précieux

qu'elle-même ? L'amour , si je suppose qu'elle en soit susceptible, est veillé si soigneusement dans son cœur par la modestie & la prudence , que je ne puis espèrer de le trouver un moment sans ces deux gardes ; & leur attention est si scrupuleuse , qu'ils sonnent l'allarme avant le danger. D'ailleurs l'amour de la vertu sera toujours son amour dominant. Elle l'a reçu de la nature ; ou s'il est né dans elle , il y a poussé de si fortes racines , qui se sont tellement mêlées par la longueur du tems, avec les fibres du cœur & les principes de la vie , qu'il est sans doute impossible de separer les unes sans détruire entiérement les autres.

Quelle voie faut-il donc prendre, pour faire abandonner ses principes à cette incomparable fille , & pour me procurer une victoire qui l'assujetiroit pour toujours à moi ? En verité, Belford, lorsque je suis assis près d'elle , occupé à contempler ses charmes , toute mon ame dans mes yeux , & faisant réflexion , après l'avoir vûe tranquille & séreine, quelles seroient ses pensées si elle pouvoit connoître le fond de mon cœur comme moi; lorsque je la vois troublée , incertaine , & que considerant la justice de ses craintes , je suis obligé de m'avouer à moi-même qu'elles ne sont pas comparables au danger , je fens quelquefois mon cœur prêt à me trahir. Quelquefois je fuis prêt à me jetter à fes pieds , à lui faire l'aveu de mes infames deffeins, celui de mon repentir ; & à me mettre dans l'impuif-fance d'en ufer indignement avec cette créature angelique.

Comment arrive-t'il que les honnêtes fentimens de refpect , d'amour & de compaffion s'évanouiffent ? Ma foi , c'eft Mifs Howe qui te l'apprendra. Elle dit que je fuis un *Diable*. En verité , je crois du moins que le Diable a beaucoup de part à mes agitations. Es-tu content de mon ingenuité ? Tu vois avec quelle franchife je m'ouvre à toi Mais ne vois tu pas auffi que plus je me rens juftice à moi-même , moins je laiffe de matière à tes reproches. O Belford ! Belford ! il m'eft impoffible , du moins à préfent , impof-fible , te dis-je , de me marier.

Penfes-tu à fa famille , qui eft com-pofée de mes plus mortels ennemis ; & qu'il faut plier les genoux devant eux , ou la rendre auffi malheureufe par ma fierté , qu'elle peut jamais l'être par mes épreuves ? Penfes-tu que je pourrai l'ac-cufer de les aimer trop , c'eft-à-dire, plus qu'elle ne m'aimera moi-même ?

Elle paroît aujourd'hui me méprifer

Miſs Howe déclare qu'elle a pour moi un mépris réel. Etre mépriſé par une femme ! Qui ſoutiendroit cette idée ! Etre ſurpaſſé auſſi par une femme , dans quelque partie louable du ſavoir ! Prendre *des leçons, des inſtructions* d'une femme! Mais je parle de mépriſer : n'a-t'elle pas pris du tems elle-même , pour examiner ſi elle ne me hait pas ? Je vous hais du fond du cœur , me diſoit-elle , il n'y a pas plus longtems qu'hier. ›› Apprens , ›› homme, que mon ame eſt au-deſſus de ›› la tienne ! Ne me preſſe pas de te dire, ›› combien je crois mon ame ſupérieure ›› à la tienne. Que j'étois petit alors , au témoignage de mon propre cœur ! Une ſuperiorité ſi viſible , ſur un eſprit auſſi fier que le mien ! Eſt-il donc vrai que je ne ſois qu'une pauvre machine ? C'eſt trop auſſi que de me croire reduit à ce point. Lovelace s'avilit quelquefois ſoi-même ; mais Lovelace n'eſt point une machine.

Depuis que les choſes ont été pouſſées ſi loin , quel ſeroit mon malheur après le mariage , ſi dans un accès de mauvaiſe humeur , j'avois à me reprocher de n'avoir pas pouſſé l'épreuve à ſon dernier point ? Cependant, je ne ſais quel nom donner à ce qui m'arrive , mais au moment que je parois devant cette divine personne, elle me communique sa vertu. Je deviens auſſi pur qu'elle ; ou du moins le reſpect & la crainte arrêtent mes téméraires deſirs. Quel doit être le pouvoir qui produit un effet ſi ſurprenant ; depuis ſi longtems qu'elle eſt dans ma dépendance, malgré l'aiguillon continuel de quelques perſonnes de ſon propre ſexe, & malgré celui de ma paſſion ! Comment expliquer ce miracle dans un Lovelace !

J'ai honte, Belford, de toutes les extravagances que je viens d'écrire. Où me ſuis-je laiſſé emporter, & par quoi ? Ne m'aideras-tu point à deviner & par quoi ? O conſcience, ſombre traitreſſe ! C'eſt toi qui m'as fait prendre parti contre moi-même. D'où viens-tu ? Où t'es-tu cachée, pour me ſurprendre ainſi dans mes plus doux momens ? Demeure ſeulement neutre „ avec le deſtin, dans cet important démêlé ; & ſi je ne réuſſis pas à reduire cet Ange au rang des femmes, pour orner ce ſexe & la nature humaine, (car elle leur feroit honneur par ſes foibles mêmes), alors je ſuis à toi, & jamais je n'entreprendrai de te reſiſter.

Ici, Belford, je me ſuis levé. Je me ſuis ſecoué quelques momens. Ma fenêtre étoit ouverte. La conscience, cette hardie, cette incommode hôtesse, a pris son vol dans les airs. Cependant je l'apperçois encore. Je la vois, je la vois qui s'éloigne, qui diminue à mes yeux & qui leur échappe par dégrés. Ma foi, elle entre dans les nues. Je la pers de vûe, & je me retrouve encore une fois,

ROBERT LOVELACE.

LETTRE CLXXXVI.

M. LOVELACE, à M. BELFORD.

Mardi, 23. Mai.

IL étoit tems, & j'ai fort bien fait de renoncer à Madame Fretchvill & à sa maison. Mennell m'est venu déclarer qu'en conscience & en honneur il ne peut aller plus loin. Il ne voudroit pas, dit-il, pour le monde entier, servir à tromper une personne de ce merite. Je suis un fou, Messieurs, de vous avoir accordé l'honneur de la voir. Depuis ce moment, je vous trouve à tous deux des scrupules, dont vous n'auriez pas été capable l'un

& l'autre, si vous aviez cru simplement qu'il fût question d'une femme.

Eh bien, je ne puis qu'y faire. Mennel a consenti néanmoins, quoi qu'avec un peu de resistance, à m'écrire une lettre; pourvû que cette démarche soit la dernière que j'éxige de lui dans mon entreprise.

Je m'imaginois, lui ai-je dit, que si je pouvois introduire la femme de chambre de Madame Fretchvill à sa place, il n'auroit pas d'objection à faire contre ce nouveau sistéme. Non, m'a-til repondu; mais n'est-ce pas une pitié..... la pitoiable ame! Ces pitiés· ridicules ressemblent à celle de certaines gens, qui ne voudroient pas pour tout au monde avoir tué un innocent poulet, mais qui sont les plus avides à le dévorer lorsqu'il est tué.

Cette lettre enfin donne la petite verole à la femme de chambre, qui l'a malheureusement communiquée à sa vaporeuse Maîtresse. Les vaporeux, comme tu sais, sont la proie continuelle des maladies. Qu'on en nomme une en leur présence, c'est aussitôt la leur. Mais il n'est pas besoin de plus d'explication, après ce que je t'ai fait entendre dans ma lettre précédente. La Dame, par con-

sequent, ne peut quitter sa maison, &
le rolle de Mennel est fini. Il faut abandonner ce *pitoiable homme* aux reproches
de sa conscience, mais pour ses péchés
propres & non pour ceux d'autrui.

Sa lettre est adressée, *à Monsieur, ou,
dans son absence, à Madame Lovelace.*
Madame m'avoit refusé l'honneur de me
voir & de dîner avec moi. J'étois absent
de la maison lorsque la lettre est arrivée.
Elle l'a ouverte. Ainsi, toute fiere & toute
impertinente qu'elle est, la voila Madame Lovelace de son consentement. Je
suis ravi que la lettre soit venue, avant
que nous soions entiérement réconciliés.
Peut être auroit elle jugé, dans un autre tems, que c'étoit quelque invention pour amener un délai. D'ailleurs nous
pouvons raccomoder à présent tout à la
fois nos quérelles anciennes & nouvelles.
Voilà ce qui s'appelle une invention.
Mais quelle différence, d'elle aujourd'hui,
à ce qu'elle étoit lorsque je l'ai vûe pour
la premiére fois ! Que son cœur hautain
doit être humilié, pour craindre de moi
des délais & pour n'avoir plus d'autre
sujet de chagrin !

Je suis rentré à l'heure du dîner. Elle
m'a envoiée la lettre, avec des excuses
pour l'avoir ouverte. Elle l'avoit fait sans

réflexion. Orgueil de femme, Belford! Penser à ce qu'on a fait, & retourner sur ses pas.

Je lui ai fait demander la permission de la voir sur le champ. Mais elle souhaite que notre entre-vûe soit remise à demain au matin. Compte qu'avant que j'aie fini avec elle, je l'amenerai à confesser qu'elle ne peut me voir trop souvent.

Mon impatience étoit si vive, dans une occasion *si peu atendue*, que je n'ai pû me defendre de lui écrire, » pour lui » exprimer combien j'étois affligé de cet » accident, & pour lui dire aussi, que » ce n'étoit pas une raison de differer le » jour heureux, puisqu'il ne dépendoit » pas d'une maison. (Elle le savoit fort bien . dira-t'elle ; & je le savois aussi) J'ajoute que Madame Fretchvill aiant la politesse de témoigner, par M. Mennel, le chagrin qu'elle a de ce contre-tems, & le desir qu'elle auroit que nous pussions un peu nous y prêter, il me sembloit qu'aussitôt que je serois le plus heureux de tous les hommes, nous pourrions aller passer deux ou trois mois de l'été au Château de Median, pour attendre qu'elle fût retablie.

Je suis trompé, si la chere personne ne prend cet événement fort à cœur. Malgré

mes inſtances répetées, elle ne ſe relâche
point ſur la reſolution de ne me voir que
demain. Ce ſera dès ſix heures du matin,
s'il me plaît. Aſſurement, *il me plaira.*
Comment ſoûtenir, Belford, de ne la
voir qu'une fois le jour !

T'ai-je dit, que j'ai écrit à Miſs Charlotte Montaigu, pour lui marquer ma
ſurpriſe, de n'avoir point encore reçu la
reponſe de Milord ſur un ſujet ſi inté-
reſſant ? Je lui ai parlé, dans ma lettre,
de la maiſon que j'allois prendre, &
des délais de la vaporeuſe Madame
Fretchviil.

C'eſt à contre-cœur que j'engage dans
cette affaire quelqu'un de ma famille,
homme ou femme : mais je ne puis
mettre trop de ſureté dans mes meſures.
Je vois qu'ils penſent deja auſſi mal de
moi qu'ils le peuvent. Tu m'avertis, toi-
même, que l'honête *Pair* apprehende
que je ne joue à cette admirable fille
quelqu'un de mes infâmes tours.

Je reçois à l'inſtant, une reponſe de
Miſs Charlotte. Cette pauvre couſine
n'eſt pas bien. Elle ſe plaint d'un mal
d'eſtomac. Je ne ſuis pas étonné, que
l'eſtomac d'une fille la tourmente. C'eſt
le mal de cet état. Qu'on leur donne un
homme à faire enrager, elles ſont ſou-

lagées de moitié; parce que leur estomac trouve à s'exercer hors d'elles-mêmes. Pauvre Charlotte ! Mais je savois qu'elle étoit assez mal ; c'est ce qui m'a excité à lui écrire, & à lui témoigner un peu de chagrin, de ce qu'elle n'est pas encore venue à la Ville, pour rendre visite à ma charmante.

Voici la copie de sa lettre. Tu riras de voir que la moindre de ces petites guenons me cathechise. Ils se reposent tous sur la bonté de mon caractere.

CHER COUSIN,

Depuis longtems, nous sommes de jour en jour dans l'espèrance d'apprendre que vous êtes heureusement lié. Milord a été fort mal. Cependant on n'a pû lui ôter le desir de vous repondre lui-même. C'est peut-être la seule occasion qu'il aura jamais de vous donner quelques bons avis, ausquels il espère que vous attacherez un peu de poids. Chaque jour, il n'a pas cessé de s'y emploier, dans les momens de relache que sa goute lui a laissés. Sa lettre ne demande plus que d'être revûe. Il espère qu'elle fera plus d'impression sur votre esprit, lorsqu'elle sera écrite entiérement de sa propre main.

En

En verité, mon cher Cousin, son cœur n'est occupé que de vous. Je souhaiterois que vous eussiez, pour vous - même , la moitié seulement de l'affection qu'il vous porte. Mais je suis persuadée aussi que si toute la famille vous aimoit moins , vous vous en aimeriez davantage.

Les momens , où Milord ne pouvoit écrire, ont été emploiés à consulter Pritchard, son homme d'affaire, sur les biens dont il veut se défaire en votre faveur, à cette heureuse occasion ; dans la vûe de vous faire une réponse agréable , & de vous prouver par des effets combien il est sensible à votre invitation. Je vous assure qu'il s'en glorifie beaucoup.

Pour moi , je ne me porte pas trop bien; & depuis quelques semaines j'ai beaucoup souffert de mes anciens maux d'estomac. Sans une raison si forte , je n'aurois pas attendu si longtems à me procurer l'honneur que vous me reprochez d'avoir différé. Ma tante Lawrance, qui étoit resolue de m'accompagner , n'a pas été libre un moment. Vous savez ses affaires. L'adverse partie, qui est actuellement sur les lieux , lui a fait des propositions d'accommodement. Mais vous pouvez compter qu'aussitôt que notre chere Cousine, qui l'est deja du moins par nos defirs & notre affection , fera établie dans le nouveau logement dont vous me parlez , nous aurons l'honneur de lui faire notre vifite ; & fi le courage lui manquoit pour avancer l'heureux jour , (ce qui ne paroît pas impoffible, permettez-moi de le dire , quand on confidére à quel homme il eft queftion de s'engager) nous tacherons de lui en infpirer, & nous repondrons pour vous. Au fond, Coufin , je crois que vous auriez befoin d'être regeneré par un nouveau batême, pour devenir digne d'un fi grand bonheur. Qu'en penfez-vous ?

Milord vient me dire actuellement qu'il vous dépéchera demain un Exprès avec fa lettre. Ainfi , j'aurois pû me difpenfer de vous écrire. Mais puifque la mienne eft faite , elle partira. J'en charge *Empfon* , qui va monter à cheval pour retourner à Londres.

Mes complimens les plus tendres , & ceux de ma fœur, à la plus digne perfonne du monde. Je fuis mon cher Coufin, votre , &c. CHARLOTTE MONTAIGU.

Tu vois que cette lettre ne pouvoit arriver plus à propos. J'efpère que Milord ne m'écrira rien que je ne puiffe montrer à ma charmante. Je viens de lui envoier la lettre de Charlotte , & j'en efpère d'heureux effets.

(*Miss Clarisse , dans une lettre que l'E-
diteur supprime , rend compte à son amie de
ce qui s'est passé entr'elle & M. Lovelace.
Elle se ressent de sa conduite avec sa dignité
ordinaire. Mais lorsqu'elle arrive à la lettre
de M. Mennell , elle presse Miss Howe d'a-
chever son sistême pour sa delivrance , dans
la resolution de l'exécuter. Cependant , sous
une autre datte , où elle lui envoie la lettre
de Miss Montaigu , elle change de pensée ,
& elle la prie de suspendre ses conventions
avec Madame Townsend*).

    » J'avois commencé , dit - elle , à
» trouver fort suspect tout ce qu'il m'a
» dit de Madame Fretchville & de sa
» maison ; & mes soupçons tomboient
» jusques sur M. Mennell , quoique je
» lui trouve la phisionomie honête. Mais
» à présent que M. Lovelace a commu-
» niqué à sa famille le dessein qu'il a de
» prendre cette maison, & qu'il a même
» engagé quelques-unes de ses Dames à
» m'y rendre une visite , j'ai peine à ne
» me pas faire un reproche , de l'avoir
» cru capable d'une si vile imposture.
» Cependant ne doit-il pas se prendre à
» lui-même de l'embarras qu'il me cause
» par une conduite inexplicable ; & de

>> celui qu'il met dans ses propres inten-
>> tions , comme je le dis souvent, si
>> elles sont aussi bonnes que je veux en-
>> core me le persuader ?

LETTRE CLXXXVII.

M. LOVELACE, à M. BELFORD.

Mercredi , 24 de Mai.

(*Il raconte à son ami l'entre vûe qu'il a eue le matin avec Miss Clarisse , & l'heureux effet qu'a produit sur elle la lettre de sa cousine Montaigu. Cependant il se plaint qu'elle n'a point encore banni tout à fait la reserve ; ce qu'il attribue à de pures formalités*). Il continue :

J'Avoue qu'il n'est pas au pouvoir d'une femme d'être absolument sincère dans ces occasions. Mais pourquoi ? Courent-elles donc tant de risque à se laisser voir telles qu'elles sont ?

J'ai regreté la maladie de Madame Fretchville , ai-je dit à ma chere Clarisse , parce que l'intention que j'ai eue de la fixer dans cette maison, avant que l'heureux lien fut formé, l'auroit mise, réellement comme en apparence, dans cette independance parfaite qui étoit né-cessaire pour montrer à tout le monde que son choix étoit libre;& que les Dames de ma famille auroient ambitionné de lui faire la cour dans son nouvel établisse-ment, tandis que je me serois occupé a préparer les articles & les équipages. Par tout autre motif, ai je ajouté, la chose me touchoit assez peu; puisqu'après la cé-lébration, il nous étoit aussi commode de nous rendre au Château de Median, où près de Milord au Château de M... où chez l'une ou l'autre de mes deux tantes; ce qui nous auroit donné tout le tems nécessaire pour nous fournir de domes-tiques & d'autres commodités.

Tu ne saurois t'imaginer avec quelle charmante douceur elle me prétoit son attention.

Je lui ai demandé, si elle avoit eu la petite verole ?

C'est de quoi sa mere & Madame Norton, ma-t'elle repondu, n'ont ja-mais été bien sures. Mais quoiqu'elle ne la craignit point, elle ne se soucioit pas d'entrer sans nécessité dans des lieux où elle étoit. Fort-bien, *ai-je pensé en moi-même.* Sans cela, lui ai-je dit, il n'auroit pas été mal à propos qu'elle eût pris la peine de voir cette maison avant que de partir pour la campagne ; parce que si elle n'étoit pas de son goût, rien ne m'obligeoit de la prendre.

Elle m'a demandé, si elle pouvoit prendre copie de la lettre de ma cousine? Je lui ai dit qu'elle pouvoit garder la lettre même, & l'envoier à Miss Howe, parce que je supposois que c'étoit son intention. Elle a baissé la tête vers moi, pour me remercier. Qu'en dis-tu, Belford ? Je ne doute pas que bientôt, je n'obtienne une reverence. Qu'avois-je besoin d'effraier cette douce créature par mes rodomontades ? Cependant, je ne crois pas avoir mal fait de me rendre un peu terrible. Elle me reproche d'être un homme impoli. Chaque trait de civilité, de la part d'un homme de cette espèce, est regardé comme une faveur.

En raisonant sur les articles, je lui ai dit que de tous les gens d'affaires, j'aurois souhaité que *Pritchard*, dont Miss Charlotte parle dans sa lettre, eût été le seul que Milord n'eût pas consulté. Pritchard, à la vérité, étoit un fort honnête homme. Il étoit attaché depuis longtems à la famille. Il en connoissoit les biens & leur situation, mieux que

Milord ou que moi-même. Mais Pritchard avoit le defaut de la vieilleſſe, qui
eſt la lenteur & la défiance. Il fai-
ſoit gloire d'être auſſi habile qu'un Pro-
cureur ; & pour ſoutenir cette miſérable
réputation , il ne négligeroit pas la
moindre formalité , quand la couronne
Imperiale dependroit de ſa diligence.

Dans cette converſation , je n'ai pas
baiſé ſa main moins de cinq fois , ſans
qu'elle m'ait repouſſé. Bon-Dieu ! cher
ami, combien de mouvemens ſe ſont éle-
vés dans mon généreux cœur ! Elle étoit
tout à fait obligeante en me quittant.
Elle m'a demandé , en quelque ſorte , la
permiſſion de ſe retirer , pour relire la
lettre de Miſs Charlotte. Je crois qu'elle
a plié les genoux vers moi ; mais je n'oſe
l'aſſurer. Que nous ſerions heureux depuis
longtems l'un & l'autre , ſi cette chere
perſonne avoit toujours eu pour moi la
même complaiſance ! J'aime le reſpect ;
& ſoit que je le merite ou non , je m'en
ſuis toujours fait rendre , juſqu'à ce que
j'ai commencé à connoître cette fiere
beauté.

C'eſt à préſent , Belford , que nous
ſommes en fort bon train , ou le diable
s'en mêle. Une Ville fortifiée a ſes endroits
forts & ſes endroits foibles. J'ai pouſſé

més attaques fur les parties imprénables. Je ne doute point que je n'emporte le reste en contrebande, puisqu'elle n'a pas fait difficulté d'employer des *Contrebandiers* contre moi. Ce que nous attendons à préfent, c'est la reponfe de Milord.

Mais j'ai prefqu'oublié de t'apprendre que nous n'avons pas été peu allarmés, par quelques informations qu'on a prifes ici fur ma charmante & fur moi. C'est un homme de fort bonne apparence, qui engagea hier un Artifan du voifinage à faire appeller Dorcas. Il lui fit diverfes questions fur mon compte ; & comme nous fommes logés & nourris dans la même maifon, il lui demanda particuliérement fi nous fommes mariés.

Cette avanture a jetté ma charmante dans une vive inquiétude. En reflechiffant fur les circonftances, je lui ai fait obferver combien nous avions eu raifon de déclarer que nous fommes mariés. Les recherches, lui ai-je dit, viennent probablement de la part de fon frere; & notre mariage étant avoué, peut-être n'entendrons-nous plus parler de fes complôts. L'homme, à ce qu'il paroît, étoit fort curieux de favoir quel jour la cerémonie avoit été célébrée. Mais Dorcas a refufé de lui donner d'autres lumières

que sur notre mariage ; avec d'autant plus
de reserve, qu'il n'a pas voulu s'expliquer
sur les motifs de sa curiosité.

***

LETTRE CLXXXVIII.

M. LOVELACE, à M. BELFORD.

24 *Mai.*

QUe le diable emporte ce cher oncle!
J'ai reçu enfin sa lettre ; mais je ne
puis la montrer, sans exposer le chef de
notre famille à passer pour un fou. Il a
lâché sur moi un détestable amas de proverbes. Je m'étois imaginé qu'il avoit
épuisé son magasin, dans la lettre qu'il t'a
écrite. Garder son Ecrit, différer à le
faire partir, pour se donner le tems de
ramasser ce tas d'impertinences ! Au diable *la sagesse des Nations,* s'il est besoin, à
sa propre honte, d'en joindre tant ensemble pour l'instruction d'un seul homme. Cependant je suis bien aise de
voir mon entreprise fortifiée de cette folle
piéce, puisque dans toutes les affaires
humaines le commode & l'incommode,
le bon & le mauvais sont tellement mêlés,

qu'on ne peut obtenir l'un sans l'autre.

J'ai deja offert à ma Belle le billet de banque qui accompagne la lettre, & je lui ai lû quelques endroits de la lettre même. Mais elle a refusé le billet; & moi, qui suis en argent, je suis resolu de le renvoier. Elle paroît souhaiter beaucoup de lire la lettre entière ; & lorsque je lui ai dit que j'y consentirois volontiers, si je ne craignois d'exposer l'Ecrivain, elle m'a repondu que je ne courois pas ce risque avec elle, & qu'elle avoit toujours préféré le cœur à la tête. J'ai compris ce qu'elle vouloit dire. Je ne l'en ai pas remerciée.

Je lui transcrirai tout ce qui m'est favorable. Cependant, en dépit de moi-même, elle aura la lettre, & mon ame avec la lettre, pour un baiser volontaire.

Elle a trouvé le moïen d'obtenir la lettre sans la recompense. Le diable m'emporte si j'ai eu le courage de lui proposer ma condition. Admire, dans ton ami, ce nouveau caractère de timidité. J'éprouve que la véritable honnêteté, dans une femme, tient en respect les présomptueux mêmes. Sur mon ame, Belford, je crois que de

dix femmes qui tombent, neuf doivent s'en prendre à leur propre vanité,
à leur legereté, à leur défaut de circonf-
pection & de reserve.

Je m'attendois à prendre ma récompen-
fe, lorfqu'elle me rendroit une lettre qui
nous eft fi favorable à tous deux. Mais
elle me la renvoie cachetée, par Dorcas.
J'aurois dû juger qu'avec fa délicateffe,
il y a deux ou trois endroits, qui l'em-
pécheroient de paroître immédiatement
après les avoir lus. Je te l'envoie; & je
m'arrête ici, pour te laiffer le tems de la
lire. Tu me la renverras, auffitôt que
tu l'auras lue.

LETTRE CLXXXIX.

Milord M...., à M. LOVELACE.

Mardi, 23 de Mai.

(*) UNe rue est longue lorsqu'elle ne tourne point. Ne vous mocquez pas de mes proverbes. Vous savez que je les ai toujours aimés. Si vous aviez fait de même, vous vous en trouveriez mieux; soit dit sans vous offencer. J'oserois jurer que la belle personne, qui se destine suivant toute apparence à faire bientôt votre bonheur, est fort éloignée de les mépriser; car on m'a dit qu'elle écrit fort bien, & que toutes ses lettres sont remplies de sentences. Que Dieu vous convertisse! Il n'y a qu'elle & lui dont on puisse attendre ce miracle.

Je ne doute plus qu'enfin vous ne soiez disposé à vous marier, comme votre pere & tous vos ancêtres l'ont fait avant vous. Sans cela, vous devez sentir que vous n'auriez aucun droit à mon héritage, &

(*) On doit connoître assez le caractère de ce vieux Seigneur, pour entrer dans le goût de cette lettre.

que vous n'en pourriez communiquer à
vos defcendans s'ils n'étoient legitimes.
Ce point merite votre attention, Monfieur. *Un homme n'eſt pas toujours fou,
quoique tout homme le foit quelquefois.* Mais
on fe flatte qu'à préfent vos folies tou-
chent à leur fin.

Je fais que vous avez juré vengeance
contre la famille de votre belle Dame.
Il n'y faut plus penfer. Vous devez regarder tous fes parens comme les votres,
& prendre le parti de l'oubli & du pardon. Lorfqu'ils vous reconnoîtront pour
un bon mari, & pour un bon pere, (ce que
je demande à Dieu, pour le bien de tout
le monde) ils s'étonneront eux-mémes
de leur folle antipathie, & ne manqueront pas de vous en faire des excufes.
Mais tandis qu'ils vous regardent comme
un meprifable libertin, comment pour-
roient-ils vous aimer, ou trouver leur fille
excufable ?

Il me femble que je dirois volontiers
quelques mots de confolation à votre Dame, qui doit étre, fans doute, fort embar-
raffée à trouver le moien de tenir en bride un efprit auffi indocile que vous l'avez
été jufqu'à préfent. Je lui ferois entendre,
qu'avec des raifonnemens folides & des
paroles douces, elle peut faire tout ce

qu'elle voudra de vous. Quoiqu'en général, vous aiez la tête facile à s'échauffer, les paroles douces font capables de
vous refroidir, & de vous ramener au
temperamment néceffaire pour votre
guerifon. Plût au Ciel, que la pauvre
Milady, votre tante, qui eft morte depuis
longtems, eût été fufceptible du même
remède! Que Dieu faffe paix à fon ame!
je ne veux pas faire de reproche à fa mémoire. *On fent le merite lorfqu'il n'eft plus.*
Je connois aujourd'hui le fien : & fi j'é-
tois parti le premier, elle diroit
peut-être la même chofe de moi.

Il y a beaucoup de fageffe dans cette
vieille fentence : *Dieu puiffe m'envoier un
ami, pour m'avertir de mes fautes : ou du
moins un ennemi; il me les dira de même.*
Ce n'eft pas que je fois votre ennemi; &
vous le favez fort bien. *Plus on a de
nobleffe plus on a d'humilité.* Souffrez donc
mes avis, fi vous voulez qu'on vous croie
le cœur noble. Ne fuis-je pas votre
oncle? N'ai-je pas deffein de faire plus
pour vous, que vous n'auriez pû attendre
de votre pere? Je confens même, puifque vous le défirez, à vous fervir de pere
lorfque vous ferez à l'heureux jour.
Faites mes complimens là-deffus à ma
chere niéce, & dites-lui, que je m'é-

tonne beaucoup qu'elle différe si longtems
votre bonheur.

Je vous prie de lui apprendre que mon
dessein est de lui offrir, (à elle & non à
vous) mon Château de Lancashire, ou
celui de Median dans le Comté d'Her-
ford , & de mettre sur sa tête mille livres
sterlings de rente annuelle ; pour lui faire
voir que notre famille n'est pas capable de
prendre de vils avantages. Vous aurez
les donations en bonne forme. Pritchard
sait toutes mes affaires sur le bout du
doigt. C'est un bon & vieux domestique ,
que je recommande à l'affection de votre
Dame. Je l'ai deja consulté. Il vous dira
ce qui est le plus avantageux pour vous
& le plus agréable pour moi.

Je suis encore très-mal de ma goûte.
Mais je me mettrai dans une litiére, aussitôt que vous aurez fixé le jour. Je serai
dans la joie de mon cœur , si je puis joindre vos mains : & trouvez bon que je
vous le déclare ; si vous n'êtes pas le meilleur de tous les maris avec une jeune personne qui a montré pour vous tant de
courage & de bonté , je vous renonce
d'avance , & je mettrai sur elle & sur les
enfans qu'elle aura de vous , tout ce qui
depend de ma volonté , sans qu'il soit
plus question de vous que si vous n'étiez
pas au monde.

Demandez-vous quelque chose de plus pour votre sureté ? Parlez hardiment, je suis prêt à le faire ; quoique ma parole, comme vous savez, soit aussi sacrée qu'un écrit. Lorsque les Harloves sauront mes intentions, nous verrons s'ils sont capables de rougir & de prendre la honte pour eux-mêmes.

Vos deux tantes ne demandent que de savoir le jour , pour mettre tout le païs en feu autour d'elles, & pour faire tourner la tête de joie à tous leurs Vassaux. Si quelqu'un des miens étoit sobre ce jour là , Pritchard a ordre de le chasser. A la naissance de votre premier enfant, si c'est un garçon , je ferai quelque chose de plus pour vous, & toutes les rejouissances seront renouvellées.

Je conviens que j'aurois dû vous écrire plûtot ; mais je me suis imaginé que si vous trouviez ma reponse trop lente & si vous étiez pressé pour le jour , vous m'en donneriez avis par un second exprès. Ma goûte m'a furieusement tourmenté. D'ailleurs, comme vous savez, je ne suis plus un prompt écrivain quand je veux faire une bonne lettre. La composition est un exercice que j'entendois autrefois fort bien ; & Milord Lexington me louoit souvent là dessus : mais l'aiant interrom-

pûe depuis longtems, j'avoue que je ne
suis plus le même. Ajoûtez que dans ces
circonstances, j'ai voulu tout écrire de ma
propre main & sur ma seule memoire,
pour vous donner les meilleurs avis dont
je suis capable ; parce que je n'en aurai
peut-être jamais la même occasion. Vous
avez toujours eu l'étrange methode de
tourner le dos à tout ce que je vous ai dit.
Mais j'espère qu'aujourd'hui vous ferez
plus d'attention au conseil que je vous
donne pour votre propre bien.

J'avois une autre vûe. J'en avois même
deux : l'une, à présent que vous êtes
comme sur le bord du mariage , & que
vous avez jetté enfin votre gourme , de vous
donner quelques instructions sur votre
conduite publique & privée , dans le
cours de cette vie mortelle. Me connois-
sant les bonnes intentions que j'ai pour
vous, votre devoir est de m'entendre.
Peut-être ne l'auriez-vous jamais fait ,
dans une occasion moins extraordinaire.

La seconde, est de faire connoître à
votre chere Dame, qui écrit elle même
si bien & si *sententieusement* , que si vous
n'avez pas mieux valu jusqu'à présent ,
ce n'est pas notre faute , ni manque d'ex-
cellens avis.

Je commence , en peu de mots , par la

conduite que vous devez tenir en public & en particulier, si vous me croiez capable de vous donner là-dessus quelques lumières. Je serai court, n'aiez pas d'inquiétude.

Dans la vie privée ; aiez pour votre femme, l'affection qu'elle merite. *Que vos actions fassent votre éloge.* Soiez un bon mari ; & donnez ainsi le démenti à tous ceux qui ne vous aiment point. Faites les rougir de leurs propres scandales : & donnez nous sujet de nous glorifier que Miss Harlove ne s'est pas fait deshonneur à elle-même, ni à sa famille, en entrant dans la notre. Faites cela, cher neveu, & vous êtes sur à jamais de mon amitié & de celle de vos tantes.

A l'égard de votre conduite publique, voici ce que j'aurois à souhaiter. Mais je compte que la sagesse de votre femme nous servira de guide à tous deux. Point de hauteur, Monsieur ; car vous savez que jusqu'à présent votre sagesse n'a pas fort éclaté.

Entrez au Parlement le plûtot qu'il vous sera possible. Vous avez des talens, qui doivent vous faire espérer d'y faire une grande figure. Si quelqu'un est propre à faire des Loix capables de subsister, ce sont ceux à qui les anciennes n'ont

pû servir de frein. Soiez affidu aux affem-
blées. Tandis que vous ferez dans la
Chambre du Parlement, vous n'aurez
pas l'occafion de commettre le mal ; ou
du moins, aucun mal qu'on puiffe reprocher à vous feul.

Lorfque le tems de l'Election fera venu,
vous n'ignorez pas que vous aurez deux
ou trois Bourgs à choifir. Mais j'aimerois
mieux que vous fuffiez pour le Comté.
La faveur ne vous manquera pas, j'en
fuis fur. Etant fi bel homme, toutes les
femmes obtiendront pour vous les voix
de leurs maris. J'attendrai vos harangues
avec une extréme impatience. Je fouhaiterois que vous parlaffiez dès le premier
jour, fi l'occafion s'en préfente. Vous
ne manquez pas de courage : vous avez
affez bonne opinion de vous-même, &
affez mauvaife des autres, pour ne pas
demeurer en arrière dans ces occafions.

Pour ce qui regarde les méthodes de
la Chambre, je vous connois affez d'éle-
vation d'efprit, pour me faire craindre
que vous ne les jugiez trop au-deffous de
vous. Prenez garde à ce point. Je re-
doute bien moins, de votre part, un défaut
de bonnes manières. Avec les hommes,
vous ne manquez point de décence lorfqu'ils ne vous irritent pas mal à propos :

sur cet article , je vous donne pour regle
de souffrir les contradictions d'autrui ,
avec autant de patience que vous en de-
manderiez pour les votres.

Quoique je ne souhaite pas de vous voir
un Partisan outré de la Cour , je serois faché que vous fussiez du parti des mécon-
tens. Je me souviens , (& je crois même
l'avoir jetté par écrit) d'un bon mot de
mon viel ami , Sir *Archibald Hutcheson*,
à M. *Craggs* , le Secrétaire d'Etat ; oui,
je crois que c'étoit à lui même : » je re-
» garde une administration , disoit il,
» comme en droit d'attendre de moi tous
» les suffrages que je puis lui accorder en
» bonne conscience. Une Chambre des
» Communes ne doit pas jetter , mal à
» propos, de l'embarras dans les roues
» du gouvernement. Lorsque je n'ai
» pas donné ma voix au Ministère, c'est
» avec regret ; & pour le bien de mon
» païs, j'ai toujours souhaité de tout
» mon cœur, que les mesures fussent tel-
» les que je puße les approuver.

Il avoit une autre maxime, que je n'ai
pas moins retenue ; c'est » qu'un Minis-
» tère & des Opposans ne peuvent avoir
» toujours tort. Ainsi dire toujours oui
» pour l'un ou pour l'autre , c'est une
» marque infaillible de quelque mau-

» vaise intention qu’on n’oseroit avouer.

Ces sentences, Monsieur, sont-elles si mauvaises? Les croiez-vous méprisables? Pourquoi donc me blameriez-vous de les conserver dans ma memoire, & de les citer, comme j’y prens plaisir? Je ne ferai pas difficulté de vous dire, que si vous aviez un peu plus de goût pour ma compagnie, vous n’en vaudriez pas moins. Je puis vous le faire remarquer sans vanité; puisque c’est de la sagesse d’autrui, & non de la mienne, que je fais tant de cas. Mais, pour ajouter un mot ou deux, dans une occasion qui ne reviendra peut-être jamais, (car je veux que vous lisiez cette lettre d’un bout à l’autre); aimez les honêtes gens, & frequentez-les, de quelque condition qu’ils puissent être. *Dis-moi qui tu frequentes, je te dirai qui tu es.* Ai-je ou n’ai-je pas deja cité ce proverbe ? Dans une si longue lettre, & reprise tant de fois, on n’a pas toujours la mémoire présente.

Vous pouvez espérer d’être revêtu de mon titre après moi. Dieu veuille alors avoir mon ame ! Ainsi, je souhaiterois de vous voir garder l’équilibre. Si vous vous faites une fois la reputation de bien parler, il n’y a rien à quoi vous ne puissiez prétendre. Il est certain que vous avez un grand fond d'éloquence naturelle; une langue qui seduiroit un Ange, comme disent les femmes, & quelques-unes à leur grand chagrin; les pauvres créatures! Un chef d'opinion, dans la Chambre des Communes, est un homme d'importance; parce que le droit de cette Chambre est de donner l'argent; & que *l'argent fait mouvoir le monde*; & que pour ne vous rien cacher, il fait quelquefois aller les Reines & les Rois mêmes, tout autrement qu'ils ne se l'étoient proposé.

Je ne serois pas d'avis que vous prissiez jamais une Place à la Cour. Votre crédit & l'opinion qu'on aura de vous croîtront au double, si l'on vous croit au-dessus des emplois. Vous ne serez point exposé à l'envie, parce que vous ne vous trouverez dans le chemin de personne. Vous jouirez d'une considération solide, & les deux partis vous feront également la cour. Un emploi ne vous sera pas nécessaire, comme à quelques autres, pour reparer le désordre de vos affaires. Si vous pouvez vivre aujourd'hui fort honnêtement avec deux mille livres sterling de rente, il seroit bien étrange qu'après moi vous ne le pussiez pas avec huit mille. Vous n'aurez pas moins, si vous avez un peu d'attention à m'obliger; comme vous y serez

porté fans doute , en époufant une perfonne fi eftimable. Je ne compte pas ce
que vous pouvez attendre de vos tantes.
Quel demon peut avoir poffedé les fiers
Harloves , fur-tout ce fils , cet héritier
de leur famille ? Mais en faveur de fa
fœur , je n'en dirai pas un mot de plus.

A moi-même , on n'a jamais offert de
Place à la Cour ; & la feule que j'aurois
acceptée, fi on me l'avoit offerte , eût
été celle de *Grand-Veneur* , parce que
dans ma jeuneffe , j'ai beaucoup aimé la
chaffe , & que cet office eft d'une fort
belle apparence pour un homme de qualité qui vît dans fes terres. Je me fuis rappellé bien des fois cet excellent proverbe:
Celui qui mange les oies du Roi fera étouffé
par les plumes. Il feroit fort à fouhaiter
qu'il fût connu de tous ceux qui afpirent
aux emplois. Ils s'en trouveroient mieux,
eux & leur pauvres familles. Je pourrois
ajoûter beaucoup d'autres reflexions ,
mais qui reviendroient au même. Réellement je commence à me fentir fatigué,
& je ne doute pas que vous ne le foiez
auffi. D'ailleurs je fuis bien aife de refer-
ver quelque chofe pour la converfation.

Mes niéces Montaigu , & mes deux
fœurs , s'uniffent dans leurs complimens
à ma niéce future. S'il lui plaifoit que la

cérémonie fût célébrée parmi nous, ne manquez pas de lui dire, que nous ne laisserions rien manquer à la solidité du nœud. Nous ferions reluire & danser tout le Païs, pendant une femaine entiére. Mais je crois vous l'avoir déja dit.

Si vous me croiez propre à quelque chofe qui puiſſe avancer votre bonheur mutuel, faites-le moi favoir, avec le jour que vous aurez fixé, & tout ce qui peut toucher vos intérêts. Le billet de mille piftoles, que vous trouverez fous cette enveloppe, eft paiable à vûe; comme le fera toute autre fomme qui pourra vous être néceſſaire & que vous me ferez le plaifir de me demander.

Je prie le Ciel de vous bénir tous deux. Prenez des arrangemens, les plus commodes que vous pourrez pour ma goûte. Quels qu'ils foient néanmoins, je me trainerai vers vous le mieux qu'il me fera poffible; car j'ai une impatience extrême de vous voir, & plus encore de voir ma niéce. Dans l'attente de cet heureux jour, je fuis votre oncle très-affectionné,

M.....

LETTRE

LETTRE CLXXXX.

M. LOVELACE, à M. BELFORD.

Jeudi, 25 Mai.

TU vois, Belford, comme nous faisons voile avant le vent. La chere personne vient à préfent, prefque au premier mot, chaque fois que je lui fais demander l'honneur de fa compagnie. Je lui dis hier au foir, qu'appréhendant les lenteurs de Pritchard, j'étois déterminé à laiffer la liberté à Milord de nous faire fes complimens dans la forme qu'il fouhaiteroit, & que j'avois dépofé actuellement, dans l'après-midi, mes papiers entre les mains d'un habile Jurifconfulte, le Confeiller *Williams*; avec ordre de dreffer les articles, fur l'état de mon bien. Ce n'eft pas une petite partie de mon chagrin, lui ai-je dit, que fes frequens mécontentemens & nos mal-entendus continuels m'aient ôté jufqu'aujourd'hui le pouvoir de délibérer la-deffus avec elle. Affurement, ma chere vie, ai-je ajoûté, vous m'avez fait faire un cours de galanterie bien épineux.

Elle gardoit le silence, mais d'un air de bonté : car je sais fort bien qu'elle auroit pu recriminer avec justice. Mais je voulois voir, si elle n'auroit pas à présent quelque peine à me désobliger. Ma consolation, ai-je repris, étoit d'espérer que tous les obstacles seroient bientôt levés, & toutes les peines abîmées dans l'oubli.

Il est vrai, Belford, que j'ai déposé mes papiers chez le Conseiller Williams, & que j'en espère l'extrait dans huit jours au plus tard. Alors je serai doublement armé. Si je tente quelque chose sans succès, ces nouvelles armes serviront à me retablir dans son esprit, jusqu'à l'occasion d'une autre tentative.

J'ai d'autres inventions en reserve. Je pourrois t'en apprendre cent, & n'en avoir pas moins cent de reste, pour les emploier au besoin, pour exciter ta surprise & soûtenir ton attention. Ne t'emporte pas contre moi ; car si tu es mon ami, souviens toi des lettres de Miss Howe & de son sistème de contrebande. C'est ma belle Captive qui l'informe de tout. C'est elle qui l'excite. Ne suis-je pas deja, pour ces deux filles, un vilain, un fou, un Belzebuth ? Cependant quel mal leur ai-je fait ? Qu'ai-je même tenté jusqu'à préſent ?

La chere perſonne m'a répondu, les yeux baiſſés & la rougeur au viſage, qu'elle m'abandonnoit tous les ſoins de cette nature. Je lui ai propoſé, pour la célébration, la Chapelle de Milord M...., où nous pourrions avoir la préſence de mes deux tantes & de mes deux couſines. Elle ne m'a pas marqué de penchant pour les cérémonies publiques, & je m'imagine en effet qu'elle n'en a pas plus que moi. La voiant paſſer legerement là-deſſus, je me ſuis bien gardé de la preſſer davantage.

Mais je lui ai deja offert des modeles d'étoffe, & j'ai donné ordre à quelques Jouailliers de lui apporter aujourd'hui differentes garnitures de diamans à choiſir. Elle n'a pas voulu developper les modéles. Elle a pouſſé un ſoupir à cette vûe. Les ſeconds, m'a-t'elle dit, qui lui ont été préſentés ! Elle a refuſé auſſi de voir les Jouailliers : & la propoſition de faire remonter les diamans de ma mere a été renvoiée à d'autres tems. Je t'aſſure, Belford, que toutes ces offres étoient ſérieuſes de ma part. Tout mon bien n'eſt rien pour moi, en comparaiſon de ſon cœur.

I ij

Elle m'a dit alors qu'elle avoit jetté par écrit ce qu'elle penfoit de mes articles , & qu'elle y avoit expliqué fon fentiment fur les habits & les joiaux ; mais que Dimanche dernier , à l'occafion de la conduite que j'avois tenue avec elle, fans qu'elle pût deviner pourquoi , elle avoit déchiré fon écrit. Je l'ai preffée fort inftamment de me faire voir ce papier, tout déchiré qu'il étoit. Après avoir un peu hefité , elle eft fortie , & le papier m'eft venu par Dorcas. Je l'ai relu. Je l'ai trouvé comme nouveau , quoiqu'il y eût fi peu de tems que je l'avois lû ; & fur ma damnation, j'ai eu beaucoup de peine à me rendre maître de ma contenance. L'admirable créature ! ai-je repété vingt fois en moi-même. Mais je t'avertis, fi tu lui veux du bien , de ne pas m'écrire un mot en fa faveur ; car fi je lui fais grace, ce doit être de mon propre mouvement.

Tu fuppofes aifément qu'auffitôt que je l'ai revûe, je me fuis livré au plaifir de la louer , & que j'ai renouvellé tous mes fermens de reconnoiffance & d'amour éternel. Mais voici le diable. Elle reçoit encore tout ce que je lui dis , avec referve ; ou fi ce n'eft pas avec referve , elle le reçoit comme un tribut fi jufte, qu'elle n'en paroit pas flattée. Les

louanges & la flatterie perdent quantité
de femmes. Moi même, je me fens enfler le cœur lorfqu'on me loue. Tu me
diras peut-être que ceux qui s'enflent des
louanges, font ordinairement ceux qui
les meritent le moins: comme on voit
s'enfler de leurs richeffes ou de leur grandeur, ceux qui ne font pas nés pour ces
deux avantages. J'avoue qu'il faut avoir
une ame, pour être fupérieur à ce foible.
Mais fuis-je donc fans ame ? Non, j'en
fuis fur. Regarde-moi donc comme une
exception à la regle commune.

Je fuis fondé maintenant à tenir ferme
dans mes réfolutions. Milord, dans l'excès de fa générofité, parle de céder mille
livres fterling de rente. Je fuis perfuadé,
que fi j'époufois ma Belle, il mettroit fur
elle, plûtot que fur moi, tout ce qu'il
a deffein de ceder ; & ne m'a-t'il pas deja
ménacé qu'à fa mort, fi je ne fuis pas un
bon mari, il lui laiffera tout ce qu'il
pourra m'ôter ? Cependant, il ne confidére pas qu'une femme fi parfaite ne
peut jamais être mécontente de fon mari
fans le déshonorer ; car perfonne ne la
croira blamable. Nouvelle raifon comme
tu vois, qui ne permet point à un Lovelace d'époufer une Clariffe. Mais quel
original que mon cher oncle, de penfer

à rendre une femme indépendante de son
souverain , & par conséquent rebelle....
Cependant , il ne s'est pas trouvé trop
bien lui-même d'avoir commis une folie
de cette nature.

Dans son écrit déchiré, ma charmante
ne parle que de deux cens livres sterling
pour sa pension annuelle. Je l'ai pressée de
fixer une plus grosse somme. Elle m'a
dit , qu'elle consentoit donc à trois cens :
& moi , dans la crainte de me rendre
suspect par de trop grandes offres, j'ai
dit cinq cens , avec l'entière disposition
de tous les arrerages qui sont entre les
mains de son pere , pour en favoriser
Madame Norton , ou tout autre qu'elle
jugera digne de ses bien faits.

Elle m'a répondu , que sa bonne Norton ne souhaiteroit pas qu'elle allât, pour
elle, au-delà des bornes convenables. Elle
avoit soin , m'a-t'elle dit , que ses dis-
positions de cette nature fussent toujours
proportionnées à l'état naturel des personnes. Les pousser plus loin , c'étoit
exposer ceux qu'on oblige, à la tentation
de former des projets extraordinaires,
ou à prendre un air emprunté dans un
nouvel état , pendant qu'ils pourroient
briller dans leur état ordinaire. L'aisance
nécessaire pour aider son fils , & pour

se mettre elle-même à couvert du besoin, borneroit toute l'ambition d'une
si digne mere.

Voilà de la prudence. Voilà du jugement dans une personne de cet âge. Que
je hais les Harloves, pour avoir produit
un Ange! Ah! pourquoi, pourquoi, s'est-
elle refusée à mes instances, lorsque je l'ai
pressée de former le nœud avant que de
venir à la Ville? Mais ce qui mortifie
mon orgueil, c'est que si nous étions mariés, cette sublime créature ne seroit pas
gouvernée avec moi par l'amour, mais
par pure générosité, ou par un aveugle devoir, & qu'elle aimeroit mieux vivre
dans le celibat, que d'être jamais ma
femme. Je ne puis soûtenir cette idée.
Je voudrois que la femme à qui je donnerai mon non, si je fais jamais cet honneur à quelque femme, negligeât pour
moi jusqu'à ses devoirs supérieurs. Je voudrois que lorsque je sortirai de la maison
elle me suivit des yeux aussi longtems
qu'elle pourroit me voir, comme mon
Bouton de Rose suivoit *Jean*, & qu'à mon
retour, elle vint avec transport au-de-
vant de moi. Je voudrois l'occuper dans
ses songes, comme dans ses heures de
veille. Je voudrois qu'elle regardat comme perdus tous les momens qu'elle n'au-

roit pas paſſés avec moi, qu'elle chantat
pour moi, qu'elle lût, qu'elle badinat
pour moi, & que ſa plus grande ſatiſ-
faction fût de m'obeïr : que lorſque je
ſerois diſpoſé à l'amour, elle m'accablat
des marques de ſa tendreſſe ; que dans
mes momens ſérieux ou ſolitaires, elle
n'oſat s'approcher de moi qu'avec reſpect,
prète à ſe retirer au moindre ſigne, n'o-
ſant s'avancer qu'autant qu'elle ſeroit en-
couragée par un ſourire ; qu'elle ſe tint
devant moi dans un profond ſilence, &
que ſi je ne marquois pas d'attention pour
ſa préſence, elle ſe retirat ſur la pointe des
pieds : enfin, qu'elle fut commode pour
tous mes plaiſirs, & qu'elle aimât les
femmes qu'elle connoîtroit capables d'y
contribuer : ſoupirant ſeulement en ſecret, que ce ne fût pas toujours elle-
même. Tel étoit l'ancien uſage entre les
femmes des honnêtes Patriarches, qui
recommandoient une jolie ſervante à
leurs maris, lorſqu'elles la croioient propre à lui plaire, & qui ne mettoient pas
de diſtinction entre les fruits de cet amour
& leurs propres enfans.

Le tendre Waller dit, que les *femmes
ſont faites pour être maitriſées.* Tout tendre
qu'il étoit, il connoiſſoit cette vérité. Un
mari tiran fait une vertueuſe femme.

Pourquoi les femmes aiment elles les libertins de notre espèce, si ce n'est, parce
qu'ils dirigent leurs volontés incertaines,
& parce qu'ils entendent parfaitement
l'art de les conduire.

Autre conversation agréable. Le jour,
ou les jours en ont fait le sujet. En fixer
un, m'a dit la belle, c'est ce qui n'est
pas nécessaire avant que les articles soient
reglés. La célébration dans la Chappelle,
en présence des Dames de ma famille,
seroit une affaire d'éclat; & ma charmante observe avec regret, que Milord
paroît être dans l'intention de rendre la
fête éclatante.

Je lui ai repondu que le voïage de
Milord en litiére, son arrivée à la Ville,
son goût pour la magnificence & les témoignages de sa joie donneroient aussi
nécessairement un air public à notre mariage, que s'il étoit célébré dans la Chapelle de M... en présence des Dames.

Elle ne pouvoit supporter, a-t'elle
repliqué, la pensée d'une fête publique.
C'étoit une espèce d'insulte pour toute sa
famille. Si Milord vouloit ne pas s'en
offenser, (comme elle l'espéroit, parce

I v

que la proposition n'étoit pas venue de
lui-même , mais de moi) elle le dispen-
seroit volontiers de nous honorer de sa
présence ; d'autant plus que la parure
alors & l'air de représentation ne seroient
pas nécessaires: car elle m'avouoit qu'elle
ne pouvoit penser à se parer , tandis que
son pere & sa mere étoient dans les larmes. Plaisante idée que celle-là. Si ses
parens pleurent , ne l'ont-ils pas mérité ?

Vois , Belford. Avec de si charmantes
délicatesses', le nœud ne devoit pas être
différé si longtems. Cependant , il nous
reste encore du chemin à faire , avant que
d'y arriver.

Je n'ai marqué que de l'obéïssance & de
la résignation. Nulle autre volonté que
la sienne. Je l'ai quittée , pour écrire sur
le champ à Milord. Elle n'a pas désa-
prouvé ma lettre. Je n'en ai pas gardé
une copie ; mais en substance , » je té-
» moigne ma reconnoissance à Milord ,
» pour la bonté dont il me donne de si
» cheres marques, dans l'occasion la plus
» sérieuse & la plus importante de ma
» vie. Je lui dis que l'admirable person-
» ne, à laquelle il donne des louanges si
» justes , trouve de l'excès dans les pro-
» positions qu'il fait en sa faveur : que
» jusqu'à ce qu'elle soit reconciliée avec

» ſes proches, elle n'a pas d'inclination
» pour une fête éclatante, ſi nous pou-
» vons éviter l'éclat ſans déſobli-
» ger les miens : qu'en ſe croiant fort
» redevable aux ſentimens de bonté qui
» le font conſentir à me la donner de ſa
» propre main, comme elle préſume
» qu'il n'a pas d'autre intention que de
» lui faire honneur, aux depens même
» de ſa ſanté, qui ne lui permet pas
» trop de s'expoſer à la fatigue du
» voiage, elle croit qu'il ſeroit plus à
» propos qu'il s'épargnat cette peine ; &
» qu'elle ſe flatte que la manière dont
» elle penſe là-deſſus ſera priſe de toute
» la famille dans ſon véritable ſens.

» J'ajoûte que le Château de Median
» me paroît le plus convenable pour
» notre demeure, ſur tout parce qu'il
» me ſemble que c'eſt auſſi le ſentiment
» de Milord ; mais que s'il le ſouhaite,
» la dôt peut être aſſignée ſur mon pro-
» pre bien, & que je laiſſe l'alternative
» à ſon choix ; que j'ai offert ſon billet
» de Banque à Miſs Harlove ; mais que
» ſur le refus qu'elle a fait de l'accepter,
» n'en aiant pas beſoin moi-même à
» préſent, je le lui renvoie avec mes
» remercimens, &c.

Cette manœuvre m'engage dans des

longueurs qui me désespèrent. Quelle figure ferois-je dans les annales des libertins , s'il arrivoit, que je fuße pris dans mon propre piége ? Mais de quelque manière que l'affaire puiße tourner, de toute sa vie Milord n'a reçu une lettre si agréable de son neveu Lovelace.

(Miß Clariße , après avoir fait à son amie, dans une autre Lettre, le recit des circonstances qu'on vient de lire , s'exprime dans ces termes :)

La principale consolation que je trouve dans ces favorables apparences, c'est que vrai-semblablement , si je n'y mets pas d'obstacle par ma faute, moi qui n'aià présent qu'une amie, j'en aurai autant qu'il y a de personnes dans la famille de M. Lovelace, soit qu'il en use bien ou mal avec moi : & qui sait, si , par dégrés, le rang & le merite de ces nouveaux amis n'aura point assez de poids pour me rétablir dans la faveur de mes proches ? Il n'y a point de véritable repos pour moi jusqu'à cet agréable dénouement. Mon espérance d'ailleurs n'est pas d'être jamais heureuse. Le caractère de M. Lovelace & le mien sont extrémement differens : differens sur dés points essentiels. Mais, dans les termes où

je suis actuellement avec lui, je vous recommande, ma chere amie, de garder
pour vous seule toutes les circonstances
dont la revelation pourroit ne pas lui
faire honneur. Il vaut mieux que les
fautes d'un mari soient révelées par tout
autre que par sa femme, si je suis destinée à porter ce titre ; & tout ce qui pourroit vous échapper paroîtroit venir de
moi.

Je demanderai constamment au Ciel ,
qu'il répande sur vous tout ce qu'on peut
espérer de bonheur dans ce monde : &
que vous & les votres , dans la postérité
la plus éloignée, vous ne manquiez jamais d'une amie, telle que ma chere Anne
Howe l'a toujours été pour sa Clarisse
Harlove.

*(M Lovelace , pour faire gloire de ses in-
ventions, explique à son ami , dans une autre
lettre , le plan de vengeance qu'il a formé
contre Miss Howe , dans un voiage qu'elle
devoit faire à l'Ile de Wight , accompagnée
de sa mere & de M. Hickman , pour vi-
siter une tante fort riche qu'elle avoit dans
cette Ile & qui souhaitoit de la voir , elle &
son mari futur , avant qu'elle changeat de
nom. Mais comme il parle de ce plan , sans
être resolu de l'exécuter , l'Editeur Anglois
l'a supprimé).*

L E T T R E CLXXXXI.

M. LOVELACE à M. BELFORD.

SI le complôt, dont je t'ai donné l'explication n'est pas de ton goût, compte, Belford, que j'en ai trois ou quatre autres dont je suis beaucoup plus satisfait, & dont tu le seras peut-être aussi. Je t'en laisserai le choix , si tu veux renoncer seulement aux misérables engagemens que tu as pris. Pour tes trois camarades, ils doivent exécuter ce que je leur ai prescrit : & ne t'imagine pas que tu puisses t'en dispenser non plus. Ne suis-je pas votre général ? Mais c'est un sujet auquel je reviendrai dans son tems. Tu sais que je ne me détermine jamais absolument pour un projet, avant le tems de l'exécution. Alors, l'action de la foudre n'est pas plus prompte que la mienne.

Revenons à ce qui me touche immédiatement le cœur. Me croiras-tu , si je te dis que par rapport à ma fiére maîtresse, j'ai tant de sistèmes, qui se présentent en foule à mon esprit pour obtenir la préférence , que je suis dans l'embarras pour choisir. Je pourrois t'en apprendre six principaux, dont un seul repondroit à toutes mes vûes. Mais comme la chere personne ne m'a point épargné les sujets de chagrin, je crois que la reconnoissance m'oblige à ne pas ménager mes machines, & que je dois au contraire lui causer de l'étonnement & de l'admiration, en faisant jouer trois ou quatre mines à la fois.

Ecoute, & suis moi, si tu es capable de me comprendre. Je serai demain fort malade ; sérieusement je le serai. Malade ! Eh pourquoi malade ? Pour quantité de bonnes raisons, Belford ? Je te crois fort curieux d'en savoir du moins une. Malade ! de toutes mes inventions, je suis sur que celle-ci te seroit le moins tombée dans l'esprit.

Peut-être crois-tu que ma vûe est d'attirer la belle au chevet de mon lit. C'est une ruse, ancienne de trois ou quatre mille ans. Il conviendroit bien mieux à mes desseins de pouvoir m'approcher du sien Mais je vois bien qu'il faut t'instruire plus clairement.

Je suis plus inquiet que tu ne le penses sur ce sistème de contrebande, qui est de l'invention de Miss Howe. Il ne faut pas douter que si je fais une tentative fans fuccès, ma charmante n'entreprenne l'impoſſible pour s'échapper d'entre mes mains. Je m'étois perſuadé autrefois qu'elle m'aimoit ; mais j'en doute à préſent, ou du moins, que ce ſoit avec une *ardeur*, poⁱr emploier le terme de Miſs Howe, qui la rende capable de me pardonner des fautes préméditées.

Et que me ſervira d'être malade ? Ecoute-moi juſqu'à la fin. Mon intention n'eſt pas d'être auſſi mal que Dorcas le repréſentera. Cependant je haleterai prodigieuſement. Je rendrai un peu de ſang caillé. Surement je me ſerai rompu quelque vaiſſeau On n'en pourra point douter. On fera venir de l'eau ſtiptique d'*Eaton* : mais aucun Médecin ne paroîtra. Si ma belle a quelque ſentiment d'humanité, elle ne manquera pas de s'allarmer : mais ſi ſon cœur eſt pris, ſi c'eſt de l'amour qu'elle reſſent, quelque refroidi qu'il puiſſe être, il ſe produira dans cette occaſion, il éclatera, non-ſeulement dans ſes yeux, mais dans chaque trait de ſon charmant viſage.

Je ſerai fort intrépide. Je ne redouterai pas la mort, ni aucune ſuite de mon accident. Je parlerai en homme ſur d'être mieux dans une heure ou deux, pour avoir déja fait une heureuſe expérience de ce

reméde balfamique à l'occafion d'une
chute qui m'eft arrivée à la chaffe, &
dont ma maladie eft vraifemblablement
un refte ; cette conduite, tandis que tout
le monde paroîtra fort allarmé de ma
fituation, fera voir à la Belle que je n'en
ai pas la moindre inquiétude, & que je
n'ai par conféquent aucun deffein.

Tu commences, fans doute, à juger
mieux de mon invention. Je m'y fuis attendu, lorfque j'aurois achevé de m'expliquer. Une autre fois, que tes yeux
foient prets à lire des merveilles, & ton
efprit à bannir tous les doutes. A préfent,
Belford, fi ma charmante n'eft pas ex-
tremément touchée de me voir un vaiffeau rompu, mal fort dangereux dans
une conftitution auffi ardente qu'on connoît la mienne, & que j'attribuerai d'un
air calme aux agitations & aux chagrins
que j'ai effuiés depuis quelque tems ; ce
qui doit paffer à fes yeux pour une nouvelle preuve de mon amour, & m'attirer quelque fentiment de reconnoiffance
...... quoi? qu'arrivera-t'il ? Ce qui arrivera ? Je ne ferai pas combattu alors
par des remords trop vifs, fi je prens le
parti d'emploier un peu de violence :
car celle qui ne marque point de compaffion n'en doit pas attendre.

Mais si son inquiétude paroît extrême?

Alors je serai dans l'espérance de bâtir sur un bon fondement. L'amour cache une multitude de fautes, & diminue celles qu'il ne peut cacher. L'amour, lorsqu'il est découvert & reconnu, autorise les libertés. Une liberté en produit une autre. Enfin, je verrai alors où cette ouverture pourra me conduire.

Fort-bien, Lovelace ; mais avec cette force de santé & ce visage fleuri, comment persuader à quelqu'un que tu sois malade ?

Comment ? quelques grains d'Ipeca-cuanha feront l'affaire.... c'est assez pour me faire haleter comme une furie.

Mais le sang ? comment rendre du sang, si je ne me fais une blessure réelle ?

Pauvre Belford ! Ignores-tu donc qu'il se trouve des pigeons & des poulets chez le premier Rotisseur ?

Joins les mains d'admiration.

Dans un état si douteux, Madame Sinclair me représentera que j'ai mené depuis quelque tems une vie trop sédentaire. Je me laisserai persuader de faire venir une chaise, & de me faire porter au Parc, où j'essaierai un peu de marcher. A mon retour, je m'arreterai au Cocotier, pour m'amuser quelque momens.

Et que m'en reviendra-t'il ?

Encore des queſtions ? Je crains, Belford, que tu ne ſois un incredule. He-bien, pour ſatisfaire ta curioſité, ne ſaurai-je donc pas ſi ma charmante en-treprend de ſortir dans mon abſence ? Ne verrai-je pas à mon retour, ſi je ſuis reçu avec tendreſſe ? Mais ce n'eſt pas tout ; je ne ſais quel preſſentiment m'a-vertit, qu'il arrivera quelque choſe d'in-tereſſant pendant ma promenade. C'eſt ce que je remets à t'expliquer dans un autre tems.

Conviendras tu enfin, Belford, ou ne convie ndras-tu pas, qu'il eſt utile à bien des choſes d'être malade ? En verité, je prens tant de plaiſir à mes inventions, que ſi je pers l'occaſion de les metre en œuvre, j'en ſerai à demi faché. De ma vie, je n'en retrouverai une ſi belle.

D'un autre côté, les femmes de la maiſon ſont ſi preſſantes dans leurs imper-tinens reproches, qu'elle ne me laiſſent pas un moment de repos. Elles voudroient que ſans perdre le tems en projets éloi-gnés, je priſſe le parti d'emploier quel-qu'un de leurs artifices vulgaires & uſés. Sally, particuliérement, qui ſe croit l'eſprit fort inventif, me diſoit tout à l'heure, d'un air inſolent, ſur le refus

que j'ai fait de ſes offres , que mon intention n'étoit pas de vaincre , & que j'étois
aſſez méchant pour penſer au mariage ,
quoique je fiſſe difficulté de l'avouer.
Parce que ce petit diable a fait ſon premier ſacrifice à mon autel , il ſe croit en
droit de prendre avec moi toutes ſortes
de libertés ; & ſon impertinence augmente , de ce que depuis longtems j'é-
vite , avec affectation dit-elle , l'occaſion de repondre à ſes avances. L'im-
pudente ! Me croire capable d'être
le ſucceſſeur d'un autre homme. Je
n'en ai jamais été reduit à cette humilia-
tion. Tu ſais qu'elle a toujours été mon
principe. Ce qui paſſe une fois entre les
mains d'autrui , ne rentre jamais dans les
miennes. C'eſt à des gens tels que toi
& tes compagnons, qu'il convient de s'ac-
commoder d'un bien commun J'ai toujours aſpiré à la gloire des prémiéres de-
couvertes. Je n'en ſuis que plus coupable , diras-tu peut-être , de me plaire à
corrompre ce qui n'a jamais été corrom-
pû. Mais tu te trompes groſſiérement ;
une maxime telle que la mienne met
les maris à couvert. Auſſi , n'ai - je
point à me reprocher d'avoir porté
beaucoup d'atteintes au nœud conjugal.

Cependant une avanture qui m'eſt arrivée à Paris, avec une femme mariée, & dont je crois ne t'avoir jamais fait le recit, ne me permet pas de dire que j'aie la conscience absolument nette. L'esprit d'intrigue y eut plus de part qu'aucune méchanceté reflechie. Je veux te l'apprendre en deux mots.

Un Marquis François, d'un âge assez avancé, qui se trouvoit emploié par sa Cour, dans une fonction publique, à celle de Madrid, avoit laissé une femme jeune & charmante, qu'il avoit épousée depuis peu, dans la même maison & comme sous la garde de sa sœur, qui étoit une vieille & insolente prude. Je vis la jeune Dame à l'Opéra. Je pris du goût pour elle, à la premiére vûe; & plus encore à la seconde, lorsque j'eus appris sa situation. Il ne me fut pas difficile de me lier avec l'une & l'autre, après avoir trouvé l'occasion de me faire présenter à la vieille. Mon prémier soin fut de tourner toutes mes attentions vers cette prude, & de lui faire penser qu'elle avoit pû m'inspirer quelques sentimens tendres. En même tems je prenois avantage de la situation de la jeune Marquise, entre la jalousie de son mari & l'arrogance de sa belle-sœur, pour la picquer contre ces deux ennemis de sa liberté. Je

me flattai d'y faire entrer un peu d'égard
pour ma perſonne. Les Dames Françoi-
ſes n'ont pas d'averſion pour la galanterie.

La vieille ſœur ne laiſſà pas de former
quelques ſoupçons. Mais j'étois deja ſi
bien dans l'eſprit de la jeune, qu'elle ne
ſe trouva pas diſpoſée à voir congedier le
ſeul homme qu'on lui eût permis de voir.
Elle m'apprit les ſoupçons de ſa ſœur. Je
lui conſeillai de l'engager à ſe cacher
dans un cabinet pendant ma prémiére viſite, ſous prétexte de lui faire entendre
comment je m'expliquerois dans ſon
abſence. Elle prit la clé du cabinet dans
ſa poche; parce qu'il n'étoit pas à propos
que la vieille pût être ſurpriſe, ſoit par
ma curioſité ou par celle d'un autre. J'ar-
rivai. Je m'aſſis près de l'aimable Marquiſe: je marquai de l'étonnement de ne
pas voir ſa ſœur, du chagrin, de l'impatience; & prenant une ſi belle occaſion
d'exprimer des ſentimens fort vifs
pour cette chere abſente, je lui donnai
le plaiſir de croire que je parlois d'elle
avec une paſſion extrême, tandis que
mes regards levoient l'équivoque pour la
Marquiſe.

Quel fut le dénouement? Je pris cette
charmante Françoiſe par la main, en
feignant de vouloir chercher ſa ſœur

dans l'appartement voisin. Je la trainai à demi, sans qu'elle osât crier pour se plaindre; & la vieille, enfermée sous une clé sure, demeura dans le ravissement de tout ce qu'elle venoit d'entendre.

Jamais une jolie femme ne s'est trouvée inutilement tête à tête avec moi; à l'exception néanmoins de ma chere Clarisse. Mon ingénuité me fit obtenir grace. La Marquise trouva cette double tromperie d'autant plus plaisante, que non-seulement sa Geoliére ne pouvoit se plaindre d'être elle-même en prison, mais qu'en redevenant libre après mon départ, elle se crût presque aussi heureuse que nous l'avions été, sa sœur & moi...

Les Anglois, Belford, ne l'emportent pas souvent sur les François par l'esprit.

Notre commerce se soûtint par d'autres ruses, qui ne te paroîtroient pas moins ingénieuses. La glace une fois rompue, ma belle Marquise ne fit pas difficulté d'y contribuer : car tu sais mon axiome; *une fois subjuguée, c'est pour toujours.* Mais un incident plus tendre servit à réveler le secret; à le réveler, avant que notre disgrace commune pût être voilée par le retour du Marquis. La sœur, avec plus d'un sujet de ressentiment, devint une furie impitoiable. Le mari, moins propre à la qualité de mari qu'aucun homme de sa nation, & devenu plus délicat peut-être par son commerce avec les Espagnols, promit de loin une éclatante vengeance. Que restoit-il à la belle que de se jetter sous ma protection? Elle ne s'en crût pas plus malheureuse; jusqu'au jour des grandes douleurs, que la mort & le repentir arriverent à la même heure.

Pardonne une larme, cher ami : elle meritoit un meilleur sort. Dequoi, cet inexorable mari n'aura-t'il pas à repondre? La sœur fut punie par d'autres évenemens : c'est un reflexion qui me console encore. Elle fut réellement punie. Mais peut être t'avois-je deja raconté cette histoire.

LETTRE CLXXXXII.

M. LOVELACE, à M. BELFORD.

Vendredi au soir.

FElicite-moi. Je viens de prendre l'air avec ma charmante, après de grandes instances pour obtenir cette faveur. Nous
étions

étions , accompagnés des deux Nimphes, qui ont joué parfaitement leur
rolle ; les yeux modestes , le discours
tourné sans affectation à la morale. Ah
Belford ! quels Demons que les femmes , lorsqu'elles ont passé les bornes , & que nous avons rendu leur
ruine complette !

Le carosse nous a conduits vers *Hamstead*, de-là vers *Hihgate*, vers *Muzzel-
hill* & d'autres lieux, d'où nous sommes
revenus à Hamstead; & là , par complaisance pour les Nimphes, ma charmante a consenti à faire une petite collation. Ensuite nous sommes revenus de
bonne heure à la Ville , par *Kentish-
Town.*

Elle a paru d'une humeur délicieuse.
Moi, j'ai marqué tant de respect & de
complaisance , pendant tout le chemin ,
& lorsque nous sommes descendus pour
nous promener sur la hauteur, où la va-
riété des objets forme une perspective
charmante , qu'elle m'a promis d'y revenir quelquefois pour prendre le même
air. Je crois , Miss Howe , ai-je dit
plusieurs fois en moi-même , je crois
que tes misérables plans deviennent inutiles.

Depuis que nous sommes revenus, son

Tome IV. Part. II.   K

occupation & la mienne ont été d'écrire.
Elle a promis de m'accorder, ce foir, une
heure d'entretien avant que de fe retirer.

Tout ce que l'amour le plus foumis eft
capable d'infpirer, pour difpofer fon cœur
à la maladie de demain, fera mon étude
pendant notre converfation. Mais j'aurai foin, en partant, de me plaindre
d'un mal d'eftomac.

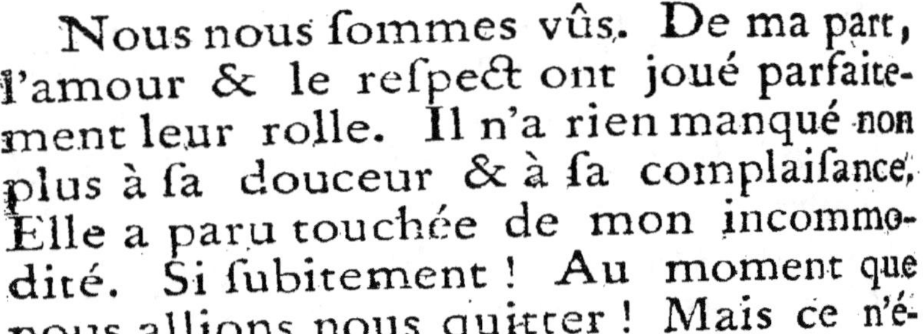

Nous nous fommes vûs. De ma part,
l'amour & le refpect ont joué parfaitement leur rolle. Il n'a rien manqué non
plus à fa douceur & à fa complaifance.
Elle a paru touchée de mon incommo-
dité. Si fubitement ! Au moment que
nous allions nous quitter ! Mais ce n'é-
toit rien. Elle comptoit de me trouver
mieux demain.

Ma foi, Belford, je crois que je fuis
deja malade. Eft-il poffible, pour un
étourdi tel que moi, de fe perfuader qu'il
ne fe porte pas bien ? A ce compte, je
ferois meilleur Comédien que je ne le
fouhaite. Mais je n'ai pas un nerf, pas
une fibre, qui ne foient toujours prets
à contribuer au fuccès d'une extravagance
dont j'ai formé le deffein.

Dorcas a tranfcrit pour moi toute la lettre de Mifs Howe, du Dimanche 14 de Mai, dont je n'avois encore que l'extrait. Elle n'en a pas trouvé de nouvelle dans le même pacquêt. Mais c'eft affez pour moi de celle-ci, & de celle que j'ai copiée moi-même en chiffre, Dimanche dernier, tandis que ma charmante étoit à l'Eglife.

Dorcas m'apprend que fa Maîtreffe a tranfporté fes papiers, de la grande armoire d'ébene, dans une caffette qui contient fon linge, & qu'elle a placée dans une garderobbe obfcure. Nous n'avons pas à préfent la clé de cette caffette. Elle y conferve apparemment toutes les lettres qu'elle a reçues avant celles que je me fuis procurées. Dorcas en eft fort inquiête. Cependant, elle fe flatte de n'être pas foupçonnée ; parce qu'elle eft fure d'avoir tout remis dans l'ordre où elle l'a trouvé.

L E T T R E CLXXXXII.

M. LOVELACE, à *M. BELFORD,*

Au Cocotier , Samedi , 27 de Mai,

L'Ipecacuanha eſt un remède extrememeut déſagréable. Pourquoi ces maudits Médecins ne peuvent ils rien emploier pour notre ſanté, qui ne ſoit un vrai poiſon ? Il ne ſeroit pas beſoin d'autre punition dans l'autre monde , pour une vie mal emploiée , que de prendre leurs déteſtables drogues. Un Médecin d'un côté , un Apotiquaire de l'autre , & la pauvre ame ſoumiſe à leurs ordonnances , je ne conçois pas de tourmens pires que cette ſituation.

Il étoit queſtion de me donner un air malade : je n'ai que trop réuſſi. Aiant pris aſſez d'Ipecacuanha pour me cauſer de grands vomiſſemens , & n'aiant pas avallé aſſez d'eau pour m'en délivrer tout à fait , je me ſuis trouvé auſſitôt l'air d'un homme qui auroit gardé le lit pendant quinze jours. Il ne faut pas badiner avec des armes tranchantes , me ſuis-je dit à

moi-même au milieu de l'exercice ; &
bien moins avec celles de la médecine.

J'ai paffé deux heures dans les tran-
chées. J'avois défendu à Dorcas d'en rien
dire à ma chere Clariffe, par un pur
mouvement de tendreffe; mais bien aife
auffi de lui faire connoître lorfqu'elle ap-
prendroit ma défenfe , que je m'attendois à lui voir de l'inquiétude pour ma
fituation. Il faudroit valoir bien peu ,
pour s'abandonner foi-même , comme fi
l'on ne méritoit l'attention de perfonne,

Fort-bien; mais Dorcas eft une femme.
Elle peut dire tout bas, à fa Maîtreffe, le
fecret qu'elle a reçu ordre de garder.

Viens ici , toi friponne, ai je dit à
cette fille, (malade en attendant comme
un chien). Laiffe-moi voir comment la
douleur, mêlée avec la furprife , fait
fur ton vifage. Tu t'y prens mal. Cette
machoire abbatue & cette bouche trop
étendue en ovale conviennent plus à
l'horreur qu'à la pitié. Retranche moi
ce clignotement , ces minauderies dans
ton *odieux regard* , comme tu fais que ma
charmante l'a une fois nommé. Oui ;
cela eft beaucoup mieux ; fort-bien :
mais tiens la bouche un peu plus fermée.
Tu as un ou deux mufcles que tu ne fau -
rois gouverner , entre l'os de la joue &

les levres. Bon. Pars à préfent. Monte & defcens l'efcalier en t'agitant beaucoup. Porte quelque chofe avec toi ; rapporte-le , comme fi tu l'avois été chercher ; jufqu'à ce que ce mouvement extraordinaire t'ait mife hors d'haleine , & puiffe donner à ta refpiration l'air naturel des foupirs.

Dorcas a commencé auffitôt la fcéne. Qu'y a-t'il donc , Dorcas ? Rien , Madame.

Ma charmante étoit étonnée , fans doute , de ne m'avoir pas vu le matin , mais trop dédaigneufe pour marquer fon étonnement. Cependant , à force de repêter , qu'y a-t'il donc , qu'y a-t'il donc , pendant que Dorcas s'empreffoit de monter & de defcendre , elle a tiré de cette fille ; ah Madame ! mon Maître, mon Maître . . . . . .

Quoi ? Comment ? Quand ?

(Entre deux paranthefes , je t'apprendrai , Belford , que les petits mots dans la republique des lettres , comme les petits hommes dans une Nation , font quelquefois ceux qui fignifient le plus).

Je ne dois pas vous le dire , Madame. Mon Maître m'a défendu de vous le dire. Mais il eft plus mal qu'il ne le penfe. Il ne veut pas qu'on vous caufe de l'épouvante.

Ici, une vive inquétude a pris possession de chaque trait du charmant visage. Elle s'est attendrie pour moi ! Sur mon ame, elle s'est attendrie ?

Où est-il ?

(Trop empressée comme tu vois, pour observer la décence des termes. Autre parenthese, Belford. Ce qu'on appelle décence est si peu naturel, qu'il faut avoir l'esprit composé pour l'observer. La politesse n'habite point avec le trouble).

Je ne puis m'arrêter pour répondre aux questions, a crié la soubrette, quoiqu'elle ne désirât rien tant que de repondre ; (troisiéme parenthese; comme les Crieurs qui font des ventes publiques, & qui tournent le dos à ceux auxquels ils ont le plus d'envie de vendre). Cette précipitation n'a fait qu'augmenter celle de ma charmante. Au même moment, une des Nimphes a dit en bas à sa compagne, d'un ton contraint, mais à la porte, & assez haut pour être entendue de ma Déesse, qui prétoit l'oreille : Mon Dieu ! ma chere, il faut avertir Madame Lovelace ; il y a surement du danger. A ces mots, l'adorable Clarisse s'est lancée après Dorcas : Arrêtez .... Je veux savoir ...... O Madame ! un vomissement de fang ! Un vaiſſeau rompu, j'en fuis fure !

Ma charmante n'a fait qu'un pas juſqu'à la chambre où j'étois ; & s'approchant de moi, les yeux pleins d'une tendre inquiétude ; qu'avez-vous ? comment vous trouvez-vous, M. Lovelace ?

» O mon unique amour ! fort-bien,
» fort-bien, ai-je repondu d'une voix lan-
» guiſſante. Ce n'eſt rien ; rien qui doive
» allarmer perſonne. Je ferai mieux dans
» un inſtant. Je n'avois pas beſoin de me contrefaire, pour tromper ſes yeux ; car je fouſtrois comme un damné, quoique je ne rendiſſe plus de fang.

En un mot, Belford, je fuis parvenu à mon point. Je vois que je fuis aimé. Je vois que toutes les offenſes ſont oubliées. J'ai du credit pour recommencer un nouveau compte. Miſs Howe, je te défie ma chere. Madame Townfend ! Qui êtes-vous toutes enſemble pour lutter contre moi ? Tournez-moi le dos, avec votre contrebande. Qu'il n'y ait plus ici d'autre contrebandier que moi-même ; & que les plus exquiſes faveurs de ma charmante, ne ſoient plus des richeſſes prohibées pour moi.

Perfonne ne doute plus ici qu'elle ne m'aime. Les larmes lui font venues aux yeux plus d'une fois, à la vûe de ma fituation. Elle a fouffert que j'aie pris fa main, & que je l'aie baifée auffi fouvent qu'il m'a plu. A l'occafion de quelque difcours de Madame Sinclair, qui me reprochoit de vivre trop renfermé, elle m'a preffé de prendre l'air ; mais elle m'a recommandé, dans les termes les plus obligeans, de prendre foin de moi. Elle m'a confeillé de voir un Médecin. *Dieu,* m'a-t'elle dit, a *fait* les *Médecins.*

Je ne fuis pas de cet avis, Belford. Dieu, affurément nous a fait tous : mais je crois que ma charmante a voulu dire la Médecine, au lieu *des Médecins :* alors fa penfée pourroit fort bien être entendue dans le fens de cette phrafe vulgaire : *Dieu envoie les viandes, & le diable fait la cuifine.*

Je me fuis trouvé bientôt rétabli, après avoir pris le ftyptique de fes cheres mains.

Lorfqu'elle m'a preffé de prendre l'air, je lui ai demandé, fi elle me feroit l'honneur de monter en caroffe avec moi. Je voulois connoître par fa réponfe, fi elle

K v

penſoit à ſortir dans mon abſence.

Elle m'a repóndu que ſi elle n'étoit perſuadée qu'une chaiſe me convenoit mieux après mon accident, elle m'auroit accompagné de tout ſon cœur.

Eſt-ce là un divin compliment? J'ai baiſé encore une fois ſa main. Je lui ai dit qu'elle étoit la bonté même; que je regretois de ne l'avoir pas merité mieux: mais que je ne voiois devant nous que des jours heureux : que ſa préſence, & le généreux intérêt qu'elle avoit pris à mon accident, m'avoit retabli tout d'un coup : que j'étois bien ; que je ne ſentois plus le moindre mal ; mais que puiſqu'elle étoit d'avis que je priſſe un peu l'air, j'allois faire appeller une chaiſe. O chere Clariſſe ! ai-je ajoûté, quand cette indiſpoſition me ſeroit venue de mes derniers chagrins, & du regret que j'ai eu de vous avoir déſobligée, tout ſeroit compenſé à l'infini par votre bonté. Tout le pouvoir de la Médecine eſt dans un ſourire de votre bouche & dans un regard de vos yeux. Votre dernier mécontentement a fait ma ſeule maladie.

Pendant ce tems-ià toutes les femmes de la maiſon levoient les yeux & les mains, pour remercier le Ciel du miracle. Voiez la force de l'amour, diſoit l'une tout bas , mais d'un ton qui pouvoit être entendu ; le charmant mari , difoit une autre ; & toutes enfembles , l'heureux couple ! Que ce concert d'éloges a paru flatter ma charmante ! Quelles étincelles j'ai vû fortir de fes yeux ! Qu'on ne dife pas que les louanges offenfent la modeftie. Elles échauffent au contraire un cœur qui fe rend témoignage de fon merite. Elles en banniffent la défiance , en y ranimant le courage & la gaité.

A préfent , Belford , crois-tu qu'une maladie ne mene à rien ? Cependant je te déclare que j'ai trop d'expédiens agréables à mettre en œuvre , pour recommencer jamais l'expérience de ce maudit Ipecacuanha.

LETTRE CLXXXXIII.

Miſs CLARISSE HARLOVE *, à Miſs* HOWE.

Samedi , 27 de Mai.

MOnfieur Lovelace , ma chere , a été fort malade. Son mal l'a pris fubitement. Il a vomi du fang en abondance. C'eft quelque vaiffeau rompu. Il s'étoit plaint, hier au soir, d'un mal d'estomac Je m'en suis sentie d'autant plus touchée, que je crains qu'il ne soit venu de nos violentes contentions. Mais étois-je coupable ?

Que j'ai crû le haïr, ces jours passés! Mais je vois que dans mon cœur, la colère & la haine ne sont que des mouvemens passagers. Il est impossible, ma chere, de haïr ceux qu'on voit en danger de mort, ou dans l'affliction. Je ne me sens point capable de resister à la bonté, ni au sincère aveu d'une faute commise.

Aussi longtems qu'il l'a pû, il a pris grand soin de me faire cacher sa maladie. Si tendre, si attentif dans la violence de la douleur ! Je voudrois ne l'avoir pas vû dans cet état. Ce spectacle a fait sur moi trop d'impression ; allarmée encore, comme je l'ai été par les craintes de tout le monde. Le pauvre jeune homme! être surpris tout d'un coup, dans une santé si florissante !

Il est sorti dans une chaise à Porteurs. Je l'en ai pressé. Mais je crains de lui avoir donné un mauvais conseil, car le repos est ce qu'il y a de mieux dans les maladies de cette nature. On n'est que trop prompte, dans les cas d'importance, à donner son avis sans certitude & sans lumières. Je lui ai proposé, à la vérité, de faire appeller un Médecin : mais il ne veut pas en entendre parler. Je respecte beaucoup la Faculté ; & d'autant plus, que ceux qui la traitent avec mepris n'ont pas plus d'égard, comme je l'ai toujours observé, pour des institutions d'un ordre encore plus respectable.

Je vous avoue que mon esprit n'est pas tranquille. Je crains de m'être trop exposée devant lui & devant les femmes de la maison. Elles pourront me trouver excusable, parce qu'elles nous croient mariés. Mais s'il manque de générosité, j'aurai peut-être sujet de regreter une surprise, qui m'apprend à me connoître mieux que je ne me suis connue jusqu'à présent ; sur-tout lorsque j'ai raison de croire qu'il ne s'est pas assez bien conduit avec moi.

Cependant je vous dirai, comme je le crois sincérement, que s'il me donne occasion de reprendre l'air de réserve & de le tenir éloigné, j'espère que je trouverai assez de force dans la connoissance que j'ai de ses défauts, pour me rendre supérieure à mes passions ; car M. Lovelace, ma chere, n'est pas un homme estimable dans toutes les parties de son caractère. Que pouvons-nous faire de plus, que nous gouverner par les raions de lumière qui nous luisent par intervalles ?

Vous ne vous étonnerez pas que je paroisse grave sur cette *découverte*. Quel nom je lui donne ! Mais quel nom puis-je lui donner ? Je n'ai pas le cœur assez à l'aise, pour approfondir ce cœur comme je le devrois.

Dans le mécontentement que j'ai de moi-même, je n'ai pas la hardiesse de jetter les yeux sur ce que je viens d'écrire. Cependant je ne sais pas comment j'aurois pû faire pour écrire autrement. Jamais je ne me suis trouvée dans une situation d'esprit si bizarre. Je serois embarrassée à vous la décrire. Auriez-vous jamais été de même ? c'est-à-dire, redoutant la censure de mon amie, sans croire néanmoins que je la merite ?

Je ne suis sure que d'une chose ; c'est que je la mériterois effectivement, si mon cœur avoit quelque secret que je voulusse vous déguiser.

Mais je n'ajouterai pas un seul mot, après vous avoir assurée que je veux faire un examen plus rigoureux de moi-même, & que je suis, &c.

CL. HARLOVE.

LETTRE CLXXXXIV.

M. LOVELACE, à M. BELFORD.

Samedi au soir.

L'Air m'a fait le mieux du monde. Il ne me reste rien de ma maladie. Avec un cœur tranquille, comment avoir mal à l'estomac ?

Mais en arrivant au logis, j'ai trouvé ma charmante fort allarmée d'un nouvel incident. On étoit venu s'informer de nous, & d'une manière fort suspecte. Ce n'étoit pas par nos noms, mais par la description de nos personnes qu'on nous avoit demandés : & le Curieux étoit un Domestique en livrée bleue, doublée & galonnée de jaune.

Dorcas & la fille de cuisine, qu'il avoit fait appeller à la porte, aiant refusé de repondre à ses questions s'il n'expliquoit ses motifs, & par quel ordre il étoit si pressant, il avoit repondu, aussi laconiquement qu'elles, que si elles faisoient difficulté de s'expliquer avec lui, peut-être en feroient-elles moins avec une autre perſonne ; & là-deſſus, il s'étoit retiré de fort mauvaiſe humeur.

Dorcas étoit montée bruſquement chez ſa Maîtreſſe, qu'elle avoit allarmée, non ſeulement par le recit de l'évenement, mais encore plus par ſes propres conjectures, en ajoutant, que c'étoit un homme de fort mauvaiſe mine, & qu'elle étoit ſure qu'il ne pouvoit être venu avec de bonnes intentions.

La livrée & les traits du Domeſtique ont donné lieu à des grandes recherches, qui n'ont pas été moins détaillées que les informations. Mon Dieu, mon Dieu! s'eſt écriée ma charmante ; les allarmes ne finiront donc pas ? & ſon imagination lui a repréſenté tous les maux qu'elle peut redouter. Elle a ſouhaité que M. Lovelace revint promptement !

M. Lovelace eſt revenu ; plein de vivacité, de reconnoiſſance, de reſpect & d'amour, pour remercier ſa chere Clariſſe, & la feliciter du miracle qu'elle avoit opéré dans une guériſon ſi prompte. Elle lui a fait le recit de l'avanture, avec toutes ſes circonſtances. Dorcas, pour augmenter la fraieur de ſa Maîtreſſe, nous a dit que le domeſtique avoit le viſage brûlé du Soleil, & paroiſſoit être homme de Mer.

On a conclu, que ce devoit être le Matelot du Capitaine Singleton. La premiére scéne à laquelle il falloit s'attendre, étoit de voir notre maison environnée de tout un équipage de Vaiſſeau ; d'autant plus, que, ſuivant une lettre de Miſs Howe, le Navire du Capitaine n'étoit pas plus loin qu'à la pointe de *Rotherhith*.

Impoſſible, ai-je dit. Une entrepriſe de cette nature ne ſeroit pas précédée d'une information ſi mal entendue. Pourquoi ne ſeroit-ce pas plûtot un des gens de votre couſin Morden, qui venoit vous apporter la nouvelle de ſon arrivée & vous préparer à ſa viſite ?

Cette explication a paru lui plaire. Ses craintes ſe ſont diſſipées. Elle a eu le tems de me feliciter ſur le prompt retabliſſement de ma ſanté ; ce qu'elle a fait de l'air le plus obligeant.

Mais notre entretien n'avoit pas été long, lorſque Dorcas eſt revènue nous dire, avec aſſez d'effroi, que le laquais, le même laquais étoit encore à la porte, & qu'il demandoit, ſi M. & Madame Lovelace n'étoient pas logés dans cette maiſon. Il n'avoit aucune mauvaiſe vûe, avoit-il dit à Dorcas. Mais cette obſervation même étoit une démonſtration pour ma charmante, que nous étions ménacés de quelque grand mal. Comme Dorcas n'avoit pas fait de réponse, j'ai proposé de descendre moi-même, pour entendre de quoi il étoit question. Je vois, ai-je dit, vos craintes imaginaires & votre impatience, ma chere vie ; vous plaît il de descendre avec moi ? Vous entrerez dans le parloir, d'où vous pourrez entendre, sans être vûe, tout ce qui va se passer à la porte.

Elle y a consenti. Nous sommes descendus. Dorcas a fait avancer le Domestique. Je lui ai demandé ce qu'il désiroit, & ce qu'il avoit à dire à Monsieur ou à Madame Lovelace ? Après quantité de réverences, je suis sur, m'a-t'il dit, que j'ai l'honneur de parler à M. Lovelace même. Ce que j'ai à demander, Monsieur, c'est si vous demeurez ici & si l'on peut vous y parler, ou si vous y êtes du moins pour quelque tems ?

De quelle part, mon enfant ?

De la part d'un Gentil-homme, qui m'a donné ordre de repondre uniquement à cette demande, qu'il est ami de M. Jules Harlove, oncle aîné de Madame Lovelace.

La chere personne a pensé s'évanouir

à ce nom. Elle s'eſt procuré depuis peu des ſels; elle les a tirés auſſitôt.

Dites-moi, mon ami, connoiſſez-vous le Colonel Morden ?

Non, Monſieur ; je n'ai jamais entendu ce nom-là.

Ni le Capitaine Singleton ?

Non, Monſieur. Mais mon Maître eſt auſſi Capitaine.

Comment ſe nomme-t'il ?

Je ne ſais pas ſi je dois le dire.

Il ne ſauroit y avoir de mal à me dire ſon nom, ſi vous venez avec des vûes honnêtes.

Très honnêtes, Monſieur, car mon Maître me l'a dit; & ſur la face de la terre, il n'y a pas de plus honnête Gentil-homme que mon Maître. Son nom, Monſieur, eſt le Capitaine *Tomlinſon*.

Je ne connois point ce nom-là.

C'eſt-ce que je m'imagine, Monſieur. Il m'a dit, qu'il n'avoit pas l'honneur d'être connu de vous, mais que malgré cela ſa viſite ne vous feroit pas déſagréable.

Ici, faiſant deux pas pour m'approcher du parloir; connoiſſez-vous, ma très-chere vie, un Capitaine Tomlinſon, ami de votre oncle ?

Non, a répondu ma charmante, mais

mon oncle peut avoir des amis que je ne
connois pas : & paroissant tremblante,
elle m'a demandé si j'avois bonne opinion
de cette avanture.

Il falloit achever avec le Messager. Si
votre Maître, lui ai-je dit, a quelque
chose à démêler avec M. Lovelace,
vous pouvez l'assurer que M. Lovelace
est ici, & se trouvera volontiers au ren-
dez-vous qui lui sera marqué.

La chere personne a paru craindre
que pour ma propre sureté, je ne me
fusse engagé trop legerement. Le Messager est parti ; tandis que pour prévenir l'étonnement de ma Belle, j'ai feint
de m'étonner que le capitaine Tomlinson, qui avoit de justes raisons de me
croire au logis, n'eût pas écrit deux
mots en y envoiant pour la seconde fois.

En même tems, dans la crainte que
ce ne fût quelque invention de James
Harlove, qui aime les complôts, ai-
je remarqué, quoiqu'il n'y ait pas la
tête fort propre, j'ai donné quelques
instructions préliminaires aux femmes &
aux domestiques de la maison ; après
avoir eu soin, pour rendre la scéne plus
éclatante, de faire assembler tout le
monde : & ma Charmante a pris la ré-
solution de ne pas sortir, jusqu'à ce qu'elle
ait vû la fin de cette affaire.

Je suis obligé de finir ici, quoiqu'au milieu d'une narration si intéressante. J'ajoûte seulement que le pauvre Belton a besoin de toi ; car, pour tout au monde, je n'ose m'écarter. Mowbray & Tourvill se tourmentent beaucoup ; comme des vagabonds sans chef, sans mains & sans ame, depuis qu'ils n'ont plus ni toi ni moi pour les conduire. Apprens moi comment se porte ton oncle.

LETTRE CLXXXXV.

M. LOVELACE, à M. BELFORD.

Samedi, 28 de Mai.

Cette avanture du Capitaine Tomlinson a fait notre unique entretien, non-seulement pendant toute la soirée d'hier, mais ce matin encore, pendant tout le déjeuner. Ma Belle ne cesse pas de croire que c'est le prélude d'une malheureuse entreprise de la part de Singleton. J'ai repondu qu'il y a beaucoup plus d'apparence que c'est une invention du Colonel Morden, pour lui causer un peu d'allarme, & que les voiageurs, à leur retour , prennent quelquefois plaisir à surprendre. Pourquoi , très-chere Clarisse , lui ai-je dit , donnerions-nous l'interprétation la moins favorable à tout ce que nous ne saurions bien expliquer?

Elle m'a repondu que depuis quelque tems , il lui étoit arrivé tant de choses désagréables , qu'elle ne pouvoit empêcher que ses craintes ne fussent souvent plus fortes que ses espérances.

C'est ce qui me fait craindre , ai-je repliqué , de vous voir tomber dans un abbattement qui vous rende insensible au bonheur qui se prépare pour nous. Elle espéroit , m'a-t'elle dit gravement , que son respect & sa reconnoissance pour le dispensateur de tous les biens , la garantiroient de l'ingratitude ; & la reconnoissance , dans un cœur, produisoit le même effet que la joie.

Ainsi , Belford , toutes ses joies futures portent sur des biens invisibles. Elle a raison ; car ceux qui comptent le moins sur les causes secondes , sont le moins exposés à voir manquer leurs espérances. Gravité , comme tu vois , pour gravité.

A peine avoit-elle cessé de parler, que Dorcas est venue d'un air effraié. Elle m'a causé à moi-même une sorte de palpitation. Mais il s'est passé bien d'autres mouvemens dans le cœur de ma Charmante, comme je l'ai remarqué à son sein, qui se soulevoit jusqu'au menton. Ces gens du bas ordre, a-t'elle observé, tendent toujours stupidement au merveilleux, & trouvent un sujet de surprise dans les evenemens les plus communs.

Pourquoi cet air allarmé, ai-je dit à la Soubrette : avec vos doits étendus, & vos O Mademoiselle ? O Monsieur ? La difference auroit-elle été d'une minute, quand vous seriez venue plus doucement ?

Le Capitaine Tomlinson, Monsieur !

Le Capitaine Diable. . . . . que m'importe ? Ne voiez-vous pas dans quel trouble vous avez jetté votre Maîtresse ?

Cher Monsieur Lovelace, m'a dit ma Charmante en tremblant, (vois, Belford, ce que c'est de paroître nécessaire ; je suis le cher Monsieur Lovelace) si . . . . si mon frere, si le Capitaine Singleton, paroissoient ; je vous en prie, je vous en conjure, gardez un peu de modération. Mon frere est mon frere. Le Capitaine Singleton n'est qu'un Agent.

Ma très-chere vie, en passant mes bras autour d'elle, (lorsqu'on demande une faveur, ai-je pensé en moi-même, ce seroit bien le diable, si des libertés si innocentes n'étoient pas permifes, au cher M. Lovelace encore ?) Vous ferez témoin de tout ce qui va fe paffer entre nous. Dorcas, faites entrer la perfonne qui me demande.

Elle m'a fupplié de lui laiffer le tems de fe retirer. On ne devoit pas favoir qu'elle fût dans la maifon.

Charmante fille ! Tu vois, Belford, qu'elle ne penfe plus à me quitter. Les friponnes ! fi l'on n'emploioit pas quelquefois la furprife, comment un honnête homme fauroit-il jamais ce qui fe paffe dans leur cœur ?

Elle eft fortie de la chambre, pour prêter l'oreille. Quoique cet incident n'ait pas produit tout ce que j'en avois attendu, il faut, fi tu veux connoître entiérement la circulation de mes deffeins, que je te raconte, jufqu'à la moindre circonftance, ce qui s'eft paffé entre le Capitaine Tomlinfon & moi.

Il eft entré en habit de campagne, fon fouet à la main :

Votre ferviteur, Monfieur Je crois parler à M. Lovelace.

Mon nom eft Lovelace, Monfieur.

» Pardon, Monfieur, pour le jour
» & pour l'habillement. Je fuis obligé
» de fortir à ce moment de la Ville,
dans

» dans l'espérance de revenir ce soir.

Le jour n'a rien que de convenable : l'habillement n'a pas besoin d'apologie.

» Lorsque j'ai envoié mon valet, je ne
» prévoiois pas que je trouverois moi-
» même le tems de vous voir. Je ne
» m'étois proposé ce jour-là , pour
» obliger mon ami , que de m'assurer
» de votre demeure , & si je pouvois
» espérer l'honneur de vous parler , ou
» à Madame votre épouse.

Monsieur , vous devez connoître vos motifs. Vous devez savoir aussi quel tems vos affaires vous laissent. J'attens que vous preniez la peine de vous expliquer.

(Ma Charmante m'a confessé depuis , que le ton sec de mes réponses l'avoit fort allarmée. Tu devineras aisément, que si je mêle ici ses émotions , je n'en ai été informé qu'après cette scéne).

» J'espére , Monsieur , que vous ne
» vous offenserez pas. Mon dessein n'est
» pas de vous offenser.

Non , non , Monsieur ; expliquez-vous librement.

» Je n'ai aucune sorte d'intérêt , Mon-
» sieur, dans l'affaire qui m'amene ici.
» Je puis vous paroître trop officieux.
» Mais si je le croiois, je cesserois de m'en
» mêler , aussitôt que je vous aurai fait

>> entendre de quoi il est question.

Eh de quoi s'agit-il, Monsieur?

>> Puis-je vous demander sans offense,
>> Monsieur, si vous avez du penchant
>> pour vous réconcilier, & si vous êtes
>> disposé à prendre des mesures hono-
>> rables, de concert avec une personne
>> du nom d'Harlove ; comme une pré-
>> paration qui peut conduire à la re-
>> conciliation générale.

(Quelle agitation dans le cœur de ma charmante !)

Vous m'embarrassez, Monsieur, (& l'agitation redoubla sans doute ici). Toute la famille en a fort mal usé avec moi. Elle a ménagé encore moins ma reputation, & celle même de mes Proches; ce que j'ai bien plus de peine a pardonner.

>> Monsieur, Monsieur, j'ai fini. Je
>> vous demande pardon de vous avoir
>> interrompu.

(Ici, ma charmante a pensé s'évanouir, & n'a pas du tout été contente de moi.)

Mais, Monsieur, rien n'empêche que vous n'expliquiez le sujet de votre commission, puisqu'il paroît que c'est une commission dont vous vous êtes chargé.

>> Oui, Monsieur, c'en est une ; &
>> d'une nature qui m'avoit fait juger

» qu'elle feroit agréable pour toutes les
» parties : fans quoi j'aurois refufé de
» l'accepter.

Elle peut l'être , Monfieur , lorfqu'elle
fera mieux connue. Mais fouffrez que je
la prévienne par une queftion. Connoî-
triez-vous le Colonel Morden ?

» Non , Monfieur. Si vous entendez
» *perfonnellement*, je ne le connois pas.
» Mais mon intime ami , M. Jules Har-
» love , m'a parlé fouvent de lui avec
» de grandes marques d'eftime , comme
» de fon affocié dans une affaire d'im-
» portance.

J'avois jugé , Monfieur , que le Colonel pouvoit être arrivé ; & qu'étant
peut-être de fes amis , votre deffein
étoit de me caufer une agréable furprife.

» Si le Colonel Morden étoit en An-
» gleterre , M. Jules Harlove ne pour-
» roit l'ignorer , & vraifemblablement je
» ne ferois pas fans avoir l'honneur de
» le connoître.

Fort bien , Monfieur. Vous êtes donc
chargé de quelque commiffion pour moi,
de la part de M. Jules Harlove ?

» Monfieur , je vais vous expliquer
» en auffi peu de mots qu'il me fera pof-
» fible , le véritable fujet qui m'amene.

» Mais approuvez que je vous fasse auffi
» une queftion préliminaire , pour la-
» quelle vous verrez que la curiofité
» n'eft pas mon feul motif. Votre ré-
» ponfe m'eft néceffaire pour continuer,
» & vous en allez juger après m'avoir
» entendu.

Quelle eft cettte queftion , Monfieur ?

» En deux mots ; fi vous êtes actuel-
» lement , & de bonne foi , marié à
» Mifs Clariffe Harlove ?

(J'ai marqué de l'étonnement, & j'ai
pris un ton plus haut.).

Telle eft donc la queftion à laquelle il
faut que je reponde , avant que vous
puiffiez parler plus nettement ?

» Je ne penfe à rien moins qu'à vous
» offencer , M. Lovelace. Un ami m'a
» preffé de me charger de cet office. J'ai
» des niéces. J'ai des filles. Je me fuis
» figuré que la commiffion étoit louable;
» fans quoi , je me ferois difpenfé de
» l'accepter. Je connois le monde , & je
» prendrai la liberté de dire que fi cette
» jeune Dame . . . . .

Vous vous nommez le Capitaine Tomlinfon ; n'eft-ce pas ?

» Oui , Monfieur.

Eh bien , Capitaine Tomlinfon , je
vous déclare qu'il n'y a point de liberté

que je puisse prendre en bonne part, si elle n'est extrêmement délicate, lorsqu'il est question de la jeune Dame dont vous parlez.

» Lorsque vous m'aurez entendu, M.
» Lovelace, si vous jugez que je me
» sois expliqué d'une manière qui ait
» rendu cette précaution nécessaire, je
» conviendrai qu'elle étoit juste. Per-
» mettez-moi de vous dire, que je n'i-
» gnore pas ce qui est dû au caractère
» d'une femme vertueuse.

Comment ? Capitaine Tomlinson, il paroît que vous vous échauffez facilement Au reste, si ce langage couvre quelque vûe (Que ma Belle a tremblé ici, comme elle m'en a fait l'aveu !) je repons seulement que cete maison est un lieu privilegié. C'est à présent ma demeure, & par consequent un asile sacré pour quiconque me fait l'honneur d'y venir, dans quelque vûe qu'il y vienne.

» Je ne crois pas, Monsieur, avoir
» donné occasion à ce discours. Mais je
» ne ferai pas difficulté de vous voir
» dans tout autre lieu, si je vous im-
» portune ici. On m'avoit averti, que
» j'aurois à faire à un jeune Gentilhom-
» me plein de feu. Comme je me rens
» témoignage de mes intentions, & que

» la commiffion que j'ai acceptée eft
» d'une nature paifible, je n'en ai pas
» été plus refroidi. J'ai deux fois votre
» âge, M. Lovelace ; j'ofe le dire. Mais
» je vous affure que fi mon meffage,
» ou la manière dont je l'exécute, ont
» quelque chofe d'offençant pour vous,
» je puis fufpendre mon entreprife un
» jour ou deux, & pour toujours fi vous
» le défirez. Ainfi, Monfieur, quel-
» que jour qu'il vous plaife de choifir,
» vous ferez le maître de me faire favoir
» vos intentions......

(Il alloit me dire fa demeure, mais
je l'ai interrompu).

Capitaine Tomlinfon, vous repondez
fort-bien. J'aime les caractères fermes.
N'étes vous pas Officier de guerre ?

» Je l'ai été, Monfieur. Mais j'ai
» *converti mon épée en un foc de charrue,*
» pour parler le langage de l'Ecriture ;
» & depuis quelques années j'ai fait tou-
» tes mes délices de cultiver le bien de
» mes peres. Un homme de cœur, M.
» Lovelace, me plaît autant que ja-
» mais. Cependant permettez-moi de
» vous dire, que lorfque vous ferez à
» mon âge, vous penferez qu'il n'y a
» pas autant de vrai courage dans une
» chaleur de jeuneffe, que vous femblez
» y en trouver à préfent.

(Qu'en dis-tu, Belford ? Ce n'est pas
un sot que ce Tomlinson. Il a gagné tout
à la fois l'attention & le cœur de ma
charmante. Quel bonheur, a t'elle dit,
qu'il y ait des hommes capables de se
posseder dans la colère ?)

Fort - bien, Capitaine. Reproche
pour reproche. Nos points sont égaux.
Donnez-moi donc à présent le plaisir
d'entendre votre commission.

» Volontiers, Monsieur, pourvu que
» vous me permettiez de repêter ma de-
» mande. Etes-vous marié réellement
» & de bonne foi à Miss Clarisse Har-
» love, ou ne l'êtes-vous pas ?

Rien de plus clair, Capitaine. Mais si
je vous repons que je suis marié, qu'aurez-vous a dire ?

» Je dirai, Monsieur, que vous êtes
» homme d'honneur.

Oui, Capitaine, c'est ce que je crois
être ; soit que vous le disiez ou que vous
ne le disiez pas.

» Je serai sincère, Monsieur, dans
» tout ce que j'ai à vous expliquer là-
» dessus. M. Jules Harlove a découvert
» depuis peu que vous êtes logés dans
» la même maison, vous & sa niéce ;
» que vous étiez ensemble à la Comédie
» il y a sept ou huit jours. Il se flatte

>> que vous êtes mariés. On l'a même
>> confirmé dans cette opinion : mais
>> comme il vous connoît d'un caractère
>> entreprenant , & que vous avez dé-
>> claré du dédain pour une alliance avec
>> fa famille , il fouhaite que je tire de
>> votre propre bouche la confirmation
>> de votre mariage , avant que de
>> s'engager dans les demarches qu'il
>> eft difposé à faire en faveur de fa
>> niéce. Vous conviendrez , M. Lo-
>> velace , qu'il n'auroit pas lieu d'être
>> fatisfait d'une reponfe qui lui laifferoit
>> le moindre doute.

Il me femble , Capitaine Tomlinfon,
qu'il n'y a qu'une mechanceté damnable
qui pût faire fuppofer......

>> Monfieur.... Monfieur Lovelace,
>> au nom de Dieu ne vous échauffez
>> pas. Les parens de la jeune Dame font
>> jaloux de l'honneur de leur famille.
>> Ils ont , comme vous, des préventions
>> à vaincre. On peut avoir pris des
>> avantages...... fans que la jeune
>> Dame foit blamable.

Elle n'eft pas capable , Monfieur, de
donner de tels avantages : & quand elle
le feroit , qui feroit l'homme capable de
les prendre ? la connoiffez-vous ?

>> Je n'ai jamais eu l'honneur de la voir

» plus d'une fois. C'étoit même à l'E-
» glise, & je ne crois pas que je puffe
» la reconnoître.

Ne pas la reconnoître, Monfieur !
J'aurois cru qu'après avoir eu le bonheur
de la voir une fois, il n'y avoit pas d'homme au monde qui ne la reconnut entre
mille.

» Je me fouviens, Monfieur, d'avoir
» penfé que je n'avois jamais vû de fi belle
» femme. Mais, M. Lovelace, vous
» conviendrez qu'il vaut mieux que fes
» parens vous aient fait une injuftice, que
» fi vous lui en aviez fait une. Me permet-
» tez-vous de vous repéter ma queftion ?

Là-deffus Dorcas eft entrée avec précipitation. Monfieur, m'a-t'elle dit, on
demande à vous parler une minute ; &
me tirant à part, c'eft ma Maîtreffe, M.

(Conçois-tu, Belford, que la chere perfonne ait pû mettre ce petit menfonge dans la bouche de Dorcas, &
cela pour m'en épargner un ?) J'ai repondu à cette fille : faites entrer l'Etranger dans une falle, & je fuis à lui dans
quelques momens. Elle eft fortie. Je n'ai
pas douté que ma Charmante ne voulût
me dicter la reponfe que je devois faire
aux inftances du Capitaine. Elle n'auroit
pas reuffi, comme tu crois. Cependant

L vj

le meſſage de Dorcas a produit quelque effet. J'étois ſur le point de faire un de mes coups de maître, qui auroit été de prendre avantage des informations du Capitaine pour lui faire avouer à elle-même notre mariage devant lui, comme elle l'avoit fait devant les femmes de la maiſon : & ſi j'avois pû l'y faire conſentir, il ne m'auroit pas été plus difficile de l'engager, pour la ſatisfaction de ſon oncle, à lui écrire une lettre de reconnoiſſance, qu'elle n'auroit pû ſe diſpenſer de ſigner *Clariſſe Lovelace*. Je n'étois pas fort diſpoſé par conſequent a ſuivre l'ordre qu'elle m'envoioit. Mais dans la crainte auſſi de l'offenſer ſans retour, j'ai jugé à propos de changer l'état de la queſtion, en mettant Tomlinſon dans la néceſſité de repondre pour lui-même. Ma vûe ne regardoit qu'elle : car au fond, comme je le lui ai dit enſuite à elle-même, que m'importe d'être jamais reconcilié avec une famille que je dois éternellement mépriſer ?)

Vous croiez donc, Capitaine, que j'ai fait une reponſe douteuſe à la queſtion que vous m'avez propoſée. Vous pouvez le penſer. Je vous apprens que j'ai le cœur fier, & que ſi vous ne me paroiſſiez pas un galant homme, qui ne vous étes en-

gagé dans cette affaire que par de généreux motifs, je prendrois fort mal une
question qui suppose quelque doute de
mon honneur. Mais avant que de vous
satisfaire plus directement, je vous ferai
moi-même deux ou trois questions auxquelles je vous prie de répondre.

» De tout mon cœur, Monsieur.
» Vous ne me ferez pas de questions
» auxquelles je ne reponde avec candeur.
Vous dites, qu'il est revenu à M. Harlove que nous avons été ensemble à la
Comédie, & que nous sommes logés
dans la même maison. De grace, d'où
lui viennent ces lumières ? Car je ne vous
cacherai pas que par certaines considé-
rations, qui ne me regardent pas moi-
même, j'avois souhaité que notre demeure fût ignorée ; & ce secret a été
gardé si fidellement, que Miss Howe
même, quoiqu'en commerce avec son
amie, ne sait pas où lui adresser directement ses lettres.

» Je puis vous dire que la personne
» qui vous a vûs à la Comedie est un
» homme d'affaires de M. Jules Har-
» love. Il observa tous vos mouvemens.
» Après le Spectacle, il suivit votre
» carosse jusqu'ici ; & le lendemain,
» étant monté à cheval, il se hâta d'aller

» faire part à son Maître de ses observa-
» tions.

Quelle bizarrerie dans les évenemens, Capitaine Tomlinson ? Mais notre demeure est - elle connue de quelque autre Harlove ?

» C'est un secret absolu pour tout le res-
» te de la famille, & M. Jules Harlove
» desire qu'il soit gardé. Il souhaite
» qu'on ne sache pas non plus qu'il entre
» en traîté avec vous, si sa niéce est
» actuellement mariée : car il prévoit
» beaucoup d'obstacles à la reconcilia-
» tion de la part de certaines personnes,
» quand il leur donneroit même cette
» assurance.

Je n'en doute pas, Capitaine. Toute la folie de cette famille vient du brave James Harlove. Quels fous, en effet, de se laisser gouverner par une tête à qui la malice, plûtot que le genie, donne une vivacité mal entendue, qui ne vient de rien moins que de la nature! Mais y a-t'il longtems, s'il vous plaît, que M. Jules Harlove est dans cette pacifique disposition ?

» Je vous le dirai volonters, M. Love-
» lace ; & je vous en apprendrai même
» l'occasion. Je veux m'expliquer d'au-
» tant plus nettement là-dessus, & sur tou

» ce que vous avez quelques intérêt à
» savoir de moi, qu'après m'avoir en-
» tendu, vous serez persuadé que je
» ne me suis pas chargé mal à propos de
» la commission que j'exécute.

Parlez, Capitaine. Je vous promets
toute mon attention. (Ma charmante
n'en donnoit pas moins sans doute).

» Il faut vous apprendre, Monsieur,
» qu'il n'y a pas longtems que je suis
» établi dans le voisinage de M. Jules
» Harlove. Deux motifs m'y ont fait
» transporter ma famille, de Northam-
» ton-Shire ; celui d'être plus à portée
» de remplir les devoirs d'une curatelle
» dont je n'ai pú me dispenser, & qui
» m'oblige de faire souvent le voiage de
» Londres ; & mon propre intérêt, qui
» m'a fait prendre le parti d'occuper
» moi-même une Ferme négligée, dont
» j'ai acquis depuis peu la propriété.
» Mais quoique notre connoissance ne
» soit pas plus ancienne, & qu'elle ait
» commencé au jeu de boules, (l'oncle
» Jules est un grand joueur de boules,
» Belford,) à l'occasion d'un coup d'im-
» portance dont on me remit la décision;
» deux freres n'ont pas l'un pour l'autre
» une plus cordiale estime. Vous savez,
» M. Lovelace, que la nature a mis,

» entre certains efprits , des rapports
» capables de les lier étroitement dans
» un quart-d'heure.

Cela eft vrai , Capitaine.

» Ce fut en confequence de cette ami-
» tié reconnue de part & d'autre, que
» Lundi quinze du mois, comme je m'en
» fouviens parfaitement , M. Harlove
» vint me demander familiérement à
» dîner. Dans notre entretien , il m'ap-
» prit en confidence toute la malheu-
» reufe affaire qui a caufé tant de cha-
» grin à toute fa famille. Je n'en étois
» informé que par le bruit public ; car
» malgré notre intime liaifon , j'avois
» attendu que dans une occafion de
» cette nature il s'expliquat le pre-
» mier. Il me dit alors qu'un homme
» de confidération , qu'il me nomma ,
» s'étoit adreffé à lui , deux ou trois jours
» auparavant , pour l'engager , non-
» feulement à fe reconcilier avec fa
» niéce, mais à faire les ouvertures d'une
» reconciliation générale.

» Sa fœur Harlove , m'a-t'il dit , avoit
» été follicitée en même tems , par une
» bonne femme qui eft refpectée de tout
» le monde , & qui avoit fait entendre
» qu'avec un peu d'encouragement de
» la part de la famille , fa niéce étoit

» dipofée à rentrer fous la protection de
» fes parens & même à vous quitter ;
» mais qu'autrement elle ne pouvoit
» éviter de devenir votre femme.

» Je me flatte , M. Lovelace , de n'a-
» voir rien dit d'offençant pour vous.
» Vous paroiffez chagrin. Vous foupi-
» rez , Monfieur.

Continuez , Capitaine Tomlinfon ; de
grace continuez. (J'ai pouffé un foupir
encore plus profond).

» Ils ont trouvé tous extrêmement
» étrange, qu'une jeune perfonne parlat
» d'éviter le mariage , avec un homme ,
» à qui elle s'eft livrée en prenant la fuite
» avec lui.

Je vous prie , Capitaine , je vous
prie M. Tomlinfon , de ne plus toucher
ce point. La niéce de M. Harlove eft
un Ange. Elle eft au-deffus du moindre
reproche. Les fautes , s'il y en a quelqu'une ici , viennent de fa famille & de
moi. Ce que vous voudriez ajoûter ,
n'eft-ce pas ? c'eft que l'implacable famille a rejetté fes offres. Je le fais. Cet
évenement a caufé quelque mes-intelli-
gence entre-elle & moi : une quérelle
d'Amans ; vous m'entendez Capitaine.
Notre bonheur en eft augmenté depuis.

» D'accord , Monfieur. Mais vous

» conviendrez que M. Harlove en a dû
» faire de plus sérieuses reflexions sur
» les circonstances.   Il m'a demandé
» mon avis sur la conduite qu'il devoit
» tenir. Jamais, m'a-t'il dit, un pere
» n'eut pour une fille plus de tendresse
» qu'il en a pour sa niéce. Il reconnoît
» qu'elle a été durement traitée par son
» frere & par sa sœur : & comme votre
» alliance, Monsieur, est bien éloignée
» de faire deshonnneur à sa famille , il
» seroit porté à faire tous ses efforts pour
» réconcilier toutes les parties, s'il étoit
» sûr que vous fussiez actuellement
» homme & femme.

Puis-je vous demander, Capitaine,
quel a été votre avis ?

» Je lui ai dit naturellement, que si
» sa niéce avoit été indignement trai-
» tée, ou si elle étoit dans quelque em-
» barras, comme il croioit le pouvoir
» conclure de ses offres, il ne seroit pas
» longtems sans entendre encore parler
» d'elle : mais qu'il me paroissoit plus
» vraisemblable qu'elle avoit fait des
» offres sans espérance de succès, &
» comme une démarche qu'elle avoit
» crue nécessaire pour se marier sans le
» consentement de ses proches : d'au-
» tant plus, comme il me l'avoit dit

>> lui-même, qu'elles ne venoient pas
>> directement d'elle, mais d'une jeune
>> Demoiselle de ses amies, qui n'étoit
>> pas le mieux du monde avec la famil-
>> le, & qu'elle n'auroit pas emploiée si
>> elle s'étoit promis quelque succès.

A merveille, Capitaine Tomlinson.
De grace, continuez.

>> L'affaire demeura dans cette si-
>> tuation jusqu'à Dimanche au soir,
>> que M. Jules Harlove me fit l'hon-
>> neur de venir chez moi, accompagné
>> de l'homme qui vous avoit vû à la
>> Comédie avec votre chere femme,
>> comme je veux croire qu'elle l'est à
>> présent, & qui l'avoit assuré que vous
>> logiez dans la même maison. Les of-
>> fres, qui étoient toutes recentes,
>> semblant faire connoître que vous n'é-
>> tiez pas mariés; il étoit dans une si
>> vive inquiétude pour l'honneur de sa
>> niéce, que je lui conseillai de dêpê-
>> cher quelque personne de confiance à
>> la Ville, pour faire les recherches con-
>> venables.

Fort-bien, Capitaine; & M. Harlove
fit-il partir quelqu'un avec cette commission?

>> Il en chargea un homme sage &
>> discret, qui prit des informations

» Mardi dernier , si je ne me trompe ,
» car il nous les apporta Mercredi. Après
» s'être adressé aux voisins, sans en
» pouvoir tirer les lumières qu'il cher-
» choit , il fit appeller la femme de
» chambre de votre Dame , qui déclara
» que vous étiez actuellement mariés.
» Mais l'homme de confiance aiant re-
» fusé d'expliquer les motifs de sa cu-
» riosité , cette fille refusa aussi de lui
» apprendre le jour & les autres cir-
» constances de votre mariage.

Votre recit , Capitaine , est fort clair
& fort exact. Continuez , je vous prie.

» L'homme revint. Mais ses infor-
» mations laisserent des doutes à M.
» Harlove , qui ne voulant point s'en-
» gager témérairement dans une affaire
» si importante, me pria d'entreprendre
» moi-même cet éclaircissement , parce
» que mes affaires m'appellent souvent
» à Londres. Vous avez des enfans, M.
» Tomlinson; vous connoissez le monde;
» eût-il la bonté de me dire ; vous com-
» prenez mes vûes ; vous êtes capable
» d'y mettre & de la sagesse & de la fer-
» meté : je serai content de tout ce qui
» vous satisfera vous-même.

(Ici Dorcas est rentrée brusquement ,
pour me dire , que l'Etranger s'impa-

tientoit. J'ai repondu, que j'étois à lui dans un inftant).

Alors le Capitaine a fort bien expliqué, pourquoi il n'étoit pas venu lui-même, lorfqu'il favoit que nous étions logés dans cette maifon. Il avoit, m'a-t'il dit, une affaire de conféquence hors de Londres, à laquelle il s'étoit cru obligé de donner hier tous fes foins. Mais d'autres obftacles lui aiant fait remettre fon voiage à ce jour, & fachant qu'il nous trouveroit ce matin au logis, fans être fur de retrouver une autre fois la même occafion, il avoit cru devoir tenter fa bonne fortune avant fon départ ; ce qui le faifoit paroître avec fes bottes & fes éperons, comme je le voiois.

Il a laiffé couler quelque mots à l'honneur de nos Hôteffes : mais affez adroitement, pour ne pas faire foupçonner qu'il eût jugé néceffaire de prendre des informations, fur le caractère d'une maifon de fi bonne apparence. Je puis remarquer auffi par rapport à ce point, que fi ma charmante avoit pû concevoir quelque défiance des femmes du logis, le filence du Meffager de fon oncle, après fes informations dans le voifinage, auroit été une forte preuve en leur faveur.

Le Capitaine a repris : » à préfent,

» Monsieur, que je crois vous avoir
» donné de justes éclaircissemens sur
» tout ce qui regarde ma commission,
» j'espère que vous me permettrez de
» renouveller ma demande, qui est....

(Dorcas est revenue, comme hors d'haleine. Monsieur ! l'Etranger veut entrer jusqu'ici, pour vous parler. Et s'approchant de mon oreille, ma Maîtresse est impatiente ; elle est surprise que vous tardiez si longtems).

Pardon, Capitaine, si je vous quitte un moment.

» Je vous ai trop retenu, M. Love-
» lace ; & mes propres affaires ne me
» permettent pas de pousser cet entre-
» tien plus loin, surtout, lorsque la suite
» de ma question & de votre reponse
» nous engageroit sans doute dans de
» plus longues explications. Me permet-
» tez-vous de revenir demain au matin ?

Vous déjeunerez donc avec moi, Capitaine ?

» Il faut que ce soit de très-bonne
» heure, si vous me faites cette faveur-
» là. Je dois être chez moi demain au
» soir, sans quoi je causerois une mor-
» telle inquiétude à la meilleure de
» toutes les femmes ; & j'ai deux ou
» trois endroits où je suis obligé de m'ar-
» rêter sur la route.

Ce fera dès fept heures, fi vous le fouhaitez, Capitaine. Nous fommes ici fort matineux. Et je vous dirai volontiers que fi j'ai quelque réconciliation à me promettre avec une famille auffi implacable que j'ai toujours éprouvé les Harloves, ce doit être par la médiation d'un homme auffi fage & auffi moderé que vous.

Nous nous fommes quittés de cette manière, avec les plus grandes marques de confidération & de politeffe. Mais, pour la fatifaction particulière d'un fi galant homme, je ne lui ai laiffé aucun doute que nous ne fuffions homme & femme ; quoique je ne l'en aie point affuré directement.

LETTRE CLXXXXVI.

M. LOVELACE, à M. BELFORD.

CE Capitaine Tomlimfon eft tout à la fois un des plus heureux & des meilleurs hommes du monde. Que ne donnerois-je pas pour être auffi bien que lui dans l'opinion de ma charmante ! Cependant fi j'avois la liberté de raconter ma propre hiftoire, & fi l'on y ajoutoit la même foi, je ferois auffi bon homme que lui. Mais le diable l'eût plûtot emporté que je n'euffe confenti à le voir pour le fujet qui l'a fait venir, fi j'euffe cru n'en pas tirer plus de fruit pour mon principal but, tel que je te l'ai fait entendre dans ma lettre précédente.

Il faut t'apprendre les particularités d'une conférence entre ma Belle & moi, à l'occafion de fes impatiens meffages. C'eft à regret que j'en fuis venu à des explications là-deffus, parce qu'au fond, elle avoit remporté fur moi un demi triomphe.

Après avoir conduit le Capitaine jufqu'à la porte, je fuis retourné à la falle à manger, & j'ai pris un air joieux lorfque j'y ai vû entrer la Divinité de mon cœur. O très-chere Clariffe ! quelles félicitations ne vous dois-je pas fur la perfpective qui s'ouvre pour vos défirs ! Là-deffus j'ai faifi fa main, que j'ai preffée par mille baifers.

J'allois continuer ; mais elle m'a interrompu. Vous voiez, M. Lovelace, m'a-t'elle dit, que vous vous êtes jetté dans l'embarras par vos propres détours. Vous voiez que vous n'avez pû fatisfaire directement à une queftion fimple &

honête , quoique de-là dépende toute
cette perspective de bonheur dont vous
me felicitez.

Je lui ai repondu qu'elle n'ignoroit pas
qu'elles avoient été mes vûes, en déclarant
que nous étions mariés. Vous favez , lui
ai-je dit , que je n'en ai pris aucun avantage , & qu'il n'en est arrivé aucun in-
convenient. Vous voiez que votre oncle
demande feulement d'en être assuré par
nous-mêmes.

» Pas un mot dans cette vûe , M. Lo-
» velace. Je rifquerois , j'abandonne-
» rois même la reconciliation que j'ai
» tant à cœur , plûtot que de donner le
» moindre credit à une fausseté.

Ma très - chere ame..... Voudriez-
vous que je paruffe.... » Je voudrois ,
» Monfieur, que vous paruffiez ce que
» vous êtes : & je fuis résolue de pa-
» roître ce que je fuis , aux yeux de
» l'ami de mon oncle & aux fiens.

Huit jours feulement , ma très-chere
vie : ne pouvez-vous pendant huit jours,
jufqu'à ce que les articles....

» Pas une minute avec mon confen-
» tement. Vous ne comprenez pas ,
» Monfieur , combien j'ai reffenti de
» chagrin , d'avoir paru ici ce que je ne
» fuis pas. Mon oncle n'aura jamais à

» me reprocher de lui en avoir impofé
» volontairement.

Que voulez-vous, ma chere, que je
dife demain au Capitaine? Je lui ai donné
lieu de penfer.....

» Mettez-le fincérement au fait, M.
» Lovelace. Dites-lui la verité. Com-
» muniquez-lui ce que vous voudrez,
» des intentions de votre famille en ma
» faveur. Dites-lui ce qu'il vous plaira
» par rapport aux articles : & lorfqu'ils
» feront dreffés, fi vous les foumettiez
» à fon jugement & à fon approbation,
» ce feroit lui faire voir combien il y a
» de fincérité dans vos difpofitions.

Ma très-chere vie, croiez-vous qu'il
puiffe défaprouver les articles que j'ai of-
ferts?

» Non.

Que je fois donc maudit du Ciel, fi je
me foumets volontairement à me voir
foulé aux pieds par mes ennemis!

» Et moi, M. Lovelace, que je
» n'aie jamais de bonheur dans ce
» monde, fi je me foumets à faire paffer
» aux yeux de mon oncle un menfonge
» volontaire pour la vérité! J'ai trop
» long-tems gemi dans l'affliction de
» me voir rejettée de tous mes parens,
» pour acheter ma reconciliation au prix
　　　　　　　　　　　　　　» de

» de ma candeur & de ma bonne foi.

Les femmes de cette maison , ma chere.....

» Que m'importent les femmes de
» cette maison ? Leur opinion m'eſt in-
» different. D'ailleurs eſt - il beſoin
» qu'elles ſachent tout ce qui ſe paſſe
» entre mes parens , vous & moi ?

Leur opinion ne me touche pas plus que vous , Mademoiſelle. Seulement, comme je leur ai fait croire que nous ſommes mariés , pour prévenir les malheurs qui pouvoient naître du com-plôt de votre frere , je ne voudrois pas qu'elles priſſent de moi un idée qui vous paroît ch quante à vous-même. Par ma foi , Mademoiſelle , j'aimerois mieux mourir , que de me retracter ouverte-ment , après leur avoir raconté tant de circonſtances de notre mariage.

» Eh-bien , Monſieur , il faut leur
» laiſſer croire tout ce qu'il leur plaira.
» L'eſpèce de conſentement que j'ai
» donné à ce que vous leur avez dit , eſt
» une erreur que j'ai commiſe. Toutes
» ces circonſtances , dans le recit deſ-
» quelles une prémiére fauſſeté a pû
» vous engager , juſtifient elles-mêmes
» le refus auquel je me crois obligée.

Ne voiez-vous pas , Mademoiſelle ,

que votre oncle souhaite de nous trouver mariés ? La cérémonie ne pourroit-elle pas être exécutée secretement, avant que sa médiation soit commencée ?

» Cessez de me presser là-dessus, M.
» Lovelace. Si vous ne voulez pas dé-
» clarer la verité, je me charge de la
» dire moi-même au Capitaine Tom-
» linson, lorsqu'il reviendra demain.
» Oui je la dirai.

Consentez-vous, Mademoiselle, que les choses demeurent sur le même pied dans cette maison ? Il peut arriver que cette médiation du Capitaine ne produise aucun fruit. Votre frere peut continuer ses projets ; d'autant plus qu'il saura bientôt, & peut-être de votre oncle même, que vous n'êtes pas sous la protection des Loix. Vous devez consentir du moins que les choses demeurent ici sur le même pied.

» Consentir à ce que vous désirez, M.
» Lovelace, c'est persister dans une
» faute que je condamne. Cependant,
» comme l'occasion (si vous croiez qu'il
» y en ait quelque occasion qui puisse
» justifier une fausseté) ne sauroit du-
» rer longtems, j'en suis moins portée
» à vous disputer ce point. Mais je ne
» me rendrai pas coupable d'une nou-

» velle erreur, fi je puis l'éviter.

Me foupçonnez-vous, Mademoifelle, de quelque vûe indigne, dans la demarche dont j'ai fuppofé que vous ne vous feriez pas un fcrupule pour obtenir une folide reconciliation avec vos proches ? Mon motif, vous le favez, n'eft pas mon intérêt propre. Que m'importe, à moi, d'être jamais reconcilié avec eux ? Je ne demande d'eux aucune faveur.

» Il me femble, M. Lovelace, que
» dans notre fituation préfente, qui
» n'eft pas abfolument défagréable, il
» n'y a rien qui m'oblige de repondre à
» cette queftion. J'ajoûte que je trou-
» verai encore plus d'agrément dans
» ma perfpective, fi demain au matin
» vous déclarez au Capitaine, non-feu-
» lement le fond de la verité, mais tous
» les pas mêmes que vous avez faits &
» que vous devez faire, dans la vûe de
» foûtenir les favorables intentions de
» mon oncle. C'eft une ouverture que
» vous pouvez faire fous le fecret, &
» fous toutes les reftrictions qu'il vous
» plaira. M. Tomlinfon eft un homme
» prudent, qui a le repos de ma famille
» à cœur, & dont j'ofe dire qu'on peut
» fe faire un ami.

J'ai jugé qu'il n'y avoit rien à me promettre d'elle. J'ai vû l'inflexible efprit des Harloves, qui agiffoit dans toute fa force. Une petite obftinée, une petite.... pardonne Amour, fi je lui donne des noms impérieux. Voici ma reponfe: >> Nous avons eu, Mademoifelle, des >> démêlés trop fréquens, pour me faire >> défirer d'en avoir jamais d'autres. Je >> veux vous obéïr fans réferve. Si je >> n'avois pas crû vous obliger par l'autre >> méthode, fur-tout, en prenant le >> parti de hâter la célébration, qui nous >> auroit difpenfés de perfifter dans une >> fauffeté, je ne vous en aurois jamais >> fait la propofition. Mais ne vous ima- >> ginez pas, mon adorable Clariffe, >> que vous jouiffiez fans condition du >> triomphe que vous remportez fur >> mon jugement. Et jettant mes bras autour d'elle, j'ai pris, malgré toute fa refiftance, un baifer enflammé fur fes le- vres >> Votre pardon pour cette liberté, (en lui faifant une profonde revérence) >> eft l'unique condition que je vous pro- pofe.

Elle n'a pas paru mortellement offen- fée. Il faut, à préfent, que je tire parti du refte. Mais je ne te cacherai pas que fi fon triomphe n'a pas diminué mon amour, il eft devenu pour moi un nou-

vel aiguillon de vengeance, si tu veux
lui donner ce nom. Mais celui de victoire ou de conquête me paroît convenir
mieux.

A la verité, il y a du plaisir à subjuguer
ces beautés siéres & vigilantes. Mais,
sur ma foi, Belford, les gens de notre
espèce prennent vingt fois plus de peine
pour être des scélerats, qu'il ne leur en
coûteroit pour devenir d'honnêtes gens;
& , sans parler des risques auxquels on
s'expose , il faut suer & se tourmenter
prodigieusement le cerveau pour arriver
au terme. Il s'ensuit qu'on ne doit pas nous
envier le succès, lorsque nous l'obtenons;
sur-tout, parce-qu'étant bien-tôt rassa-
siés, il ne nous reste presque rien de plus
à faire valoir. Mais c'est ce qu'on peut
dire aussi de tous les plaisirs mondains.
Cette reflexion ne te paroît-elle pas assez
grave ?

Quoique je n'aie pas réussi dans le principal point, j'ai quelque fruit à tirer de
la commission du Capitaine. Mais je veux
t'avertir que tu ne dois pas juger de mes
inventions par de simples parties. Prens
patience, jusqu'à ce que tu sois informé
du total. Je te jure encore, que deux
Novices ne l'emporteront pas sur moi.
Cependant, je suis quelquefois fort al-

larmé du plan contrebandier de Miſs Howe.

Il eſt tard, ou plûtot de bonne heure, car les premiers raions du jour commencent à luire. Je me ſens fort péſant, & tu te le figures bien. Mais je vais prendre une heure de repos dans mon fauteuil, me ſecouer enſuite, me rafraichir, & recommencer à vivre. A mon âge, & du tempéramment dont je ſuis, il n'en faut pas davantage. Bonne nuit, Lovelace. Je doute qu'il ſoit grand jour lorſque je m'éveillerai.

A propos, ton oncle n'eſt-il pas mort? Qu'eſt-il arrivé au mien, qui ne repond pas à ma dernière lettre? Je le ſuppoſe occupé à recueillir de nouveaux proverbes. Adieu. Je dors.

LETTRE CLXXXXVII.

M. LOVELACE, à M. BELFORD.

Lundi, 29 de Mai.

C'Eſt à préſent que je me crois établi pour jamais dans le cœur de ma Charmante.

Le Capitaine eſt venu à ſept heures ,
comme il l'avoit promis , & dans l'équipage d'un homme prêt à partir. Ma
charmante n'a pas jugé à propos de nous
honorer de ſa préſence avant que les premiers éclairciſſemens fuſſent achevés :
confuſe , apparemment , de retomber
par mon aveu dans la condition virgina-
le , après avoir paſſé pour femme dans
l'eſprit de ſon oncle. Cependant elle ne
s'en eſt pas fiée ſi parfaitement à moi ,
qu'elle n'ait voulu entendre tout ce qui
s'eſt paſſé.

Les plus modeſtes perſonnes de ce
ſexe , Belford , doivent penſer ; & quelquefois même aſſez profondément. Je
voudrois ſavoir ſi elles rougiſſent en elles-
mêmes de mille choſes , pour leſquelles
on les voit rougir avec tant de grace en
compagnie. Si cela n'eſt point , & ſi la
rougeur n'eſt qu'un ſigne extérieur de modeſtie, les femmes n'ont-elles pas le même
empire ſur leur rougeur qu'on prétend
qu'elles ont ſur leurs larmes ? Cette reflexion me feroit faire bien du chemin dans
la connoiſſance de leur caractère , ſi j'é-
tois diſpoſé à la continuer.

J'ai dit au Capitaine , que je voulois
prévenir ſa queſtion : & ſur le champ ,
après avoir exigé de lui le plus grand ſe-

cret , qu'il m'a garenti de fa part & de celle de M. Jules Harlove, j'ai reconnu ouvertement & de bonne foi toute la verité : c'eſt-à-dire , que nous n'étions pas mariés. Je ne l'ai pas inſtruit moins fidellement des cauſes de ce délai ; quelques - unes venues d'une malheureuſe méſintelligence ; mais les principales, du deſir que ma charmante avoit toujours eu de commencer par une veritable reconciliation avec ſa famille , & d'une délicateſſe qui n'avoit jamais eu d'exemple.

Des femmes moins délicates que celleci , Belford , ne ſont pas fachées , dans le même cas , qu'on rejette les délais ſur elles. Cependant cette affectation de délicateſſe me paroît très-peu délicate ; car n'eſt-ce pas confeſſer tacitement qu'elles ont plus à gagner que nous dans le mariage , & que c'eſt une privation de plaiſir qui fait le fondement de leur orgueil ?

J'ai raconté , au Capitaine , les raiſons qui nous avoient déterminés à nous donner dans la maiſon pour des gens mariés; avec ſerment néanmoins de ſuſpendre la conſommation : ce qui avoit tenu les deux parties dans la plus grande réſerve, l'une condamnée à ſouffrir , l'autre ſe

renfermant dans les bornes d'une fcru-
puleufe vigilance , jufqu'à refufer ces faveurs innocentes que des amans deftinés
à s'unir ne font pas difficulté d'accorder
& de prendre.

Je lui ai communiqué une copie du
Mémoire qui contient mes articles , de
la reponfe de ma Belle , de ma lettre
d'invitation à Milord M..... & des gé-
néreufes offres de Milord. Mais j'ai
ajouté que les infirmités de ce vieux
Seigneur, joint au goût de ma charmante
pour une célébration fans éclat , par le
motif du refpect qu'elle croit devoir à fa
famille , m'avoient fait écrire à Milord
que nous le difpenferions de nous accorder fa préfence , & que d'heure en heure
j'attendois fa réponfe.

Les articles , ai je dit encore au Capitaine , étoient actuellement entre les
mains du Confeiller Williams , qu'il devoit connoître de reputation , (le Capitaine a repondu qu'il avoit cet hon-
neur-là) & de la bouche duquel il pouvoit fe le faire confirmer avant que do
quitter Londres. Lorfque ces articles
feroient dreffés dans les formes , il ne
manqueroit plus que de les figner , &
de fixer le jour de mon bonheur.

J'ai déclaré au Capitaine , que ma

fierté me faifoit trouver beaucoup de fatisfaction à rendre volontairement juftice à une femme qui m'étoit fi chere , &
fans l'intervention d'une famille de qui
j'avois reçu les plus grandes infultes : &
que notre fituation étant telle que je venois de la repréfenter , je confentirois
avec plaifir que M. Jules Harlove fuf-
pendit fes ouvertures de reconciliation,
jufqu'après la célébration de notre mariage.

Le Capitaine a paru charmé de tout ce
qu'il avoit entendu. Cependant il a
confeffé que fon cher ami , M. Jules
Harlove, lui aiant témoigné qu'il appren-
droit notre mariage avec une joie extrême , il auroit fouhaité de pouvoir lui
porter cette heureufe nouvelle : ce qui
n'empêchoit pas , qu'il n'efpérat toute
forte de bons effets de mon recit & de
mes intentions.

Il avoit compris mes motifs , a-t'il dit,
pour faire croire aux femmes de la maifon , qui lui paroiffoient des gens d'un
fort bon caractère , que nous étions vé-
ritablement mariés. Il approuvoit mes
raifons. Elles expliquoient fort bien la
reponfe de la femme de chambre à l'ami
de M. Harlove. On ne pouvoit douter ,
a-t'il remarqué , que M. James n'eût fes

vûes pour tenir la breche ouverte, & qu'il n'eût formé le deffein de m'enlever fa fœur : d'où je devois conclure qu'il paroîtroit auffi important à M. Jules qu'à moi, de tenir notre traité fecret ; du moins, jufqu'à ce qu'il eût formé fon parti, & qu'il eût arrangé fes méfures. La mauvaife volonté & la paffion fe for-moient des phantômes terribles. Il lui paroiffoit étonnant qu'on eût pouffé fi loin l'animofité contre un homme capa-ble de vûes fi pacifiques & fi honnêtes, qui avoit montré d'ailleurs tant d'empire fur fes reffentimens dans tout le cours de cette facheufe avanture. Il voioit bien, comme il l'avoit entendu dire, que dans tous les cas où l'amour de l'intrigue (je devois lui pardonner ce terme) ne l'em-portoit pas fur mes bonnes inclinations, la générofité faifoit le fond de mon ca-ractère.

Il n'auroit pas ceffé de parler, fi, le déjeuner étant deja prêt, la divinité de mon cœur n'étoit entrée, en repandant un déluge de lumière autour d'elle. Toute fa figure offroit un air de bonté & de douceur, qui en avoit été banni long-tems ; quoique ce foit fon cortége na-turel.

Le Capitaine a fait une revérence fi pro-

fondé, que je l'ai crû prêt à se prosterner.
Quel charmant sourire ce témoignage
de respect & d'admiration a produit sur
le visage de ma belle ! Le respect , dans
un homme , produit le même sentiment
dans un autre Nous sommes plus singes
que nous ne le croions , par le penchant
qui nous porte à suivre l'exemple d'autrui. Un mouvement comme involon-
taire m'a fait plier les genoux. Ma très-
chere vie (en baissant humblement la
tête)...... & je lui ai fait un discours
fort galant , pour lui présenter le Capitaine. Quoique je n'eusse pas plus de droit
que lui sur ce visage , sur ces levres , il
a fort bien fait de ne rien entreprendre
témérairement (*). Mais il paroissoit
bien plus porté à l'adorer.

J'ai dit au Capitaine , ma très-chere
ame , ce qu'il a désiré de savoir : & re-
prénant en peu de mots tout ce que j'a-
vois dit en effet , j'ai fait même le recit,
comme si j'avois supposé qu'elle ne l'eût
point entendu.

Le Capitaine a paru extrêmement
étonné, qu'il y eût quelqu'un au monde, à
qui une personne si Angelique pût causer
le plus leger mécontentement. Il a té-

____

(*) L'usage d'Angleterre , est de baiser les femmes
au visage , & même sur la bouche.

moigné, dans des termes très-vifs, qu'il
alloit faire le plus grand bonheur de sa
vie d'embraſſer sa cauſe.

Jamais, il faut que je le diſe, jamais
cette divine fille n'a pris un air plus divin.
Tout reſpiroit en elle, la majeſté, les
graces, la ſérenité, la noble confiance.
Une aimable rougeur, relevant l'éclat ordinaire de ſon teint, ajoûtoit mille charmes à ſes perfections naturelles, & ſem-
bloit la faire raïonner de gloire.

Après nous être aſſis, l'agréable ſujet
eſt revenû en prenant le chocolat.
Qu'elle ſe promettoit d'être heureuſe,
lorſqu'elle ſe verroit retablie dans les
bonnes graces de ſon oncle!

Le Capitaine s'eſt engagé à preſſer
cet agréable evenement. Mais il ne falloit plus que de ſa part elle fit naître le
moindre délai. L'heureux jour une fois
paſſé, tout prendroit bientôt une face
tranquille. Seroit-t'il mal à propos de demander une copie de mes articles & de
ſa réponſe, pour les faire voir à ſon cher
ami?

Comme il plairoit à M. Lovelace, lui
a repondu l'incomparable fille. Ah! que
ne dit-elle toujours de même.

Ce doit donc être ſous le plus grand
ſecret, ai-je repliqué. Mais ne ſeroit-il

pas mieux de faire voir à son oncle le contrat même, lorsqu'il seroit dressé?

Aurez-vous cette bonté, M. Love-lace?

Vois, Belford. Nous étions autrefois des amans quérelleurs. A présent nous sommes polis.

Assurement, ma très-chere Clariffe, j'y confentirai fi vous le défirez, & fi le Capitaine Tomlinfon s'engage au fecret pour M. Harlove; afin que je ne fois point expofé aux reflexions d'une famille qui m'a fort maltraité.

C'eft à préfent, Monfieur, m'a-t'on dit, que vous êtes fort obligeant.

Crois-tu, Belford, que mon vifage ne foit pas devenu très-raionnant à fon tour? J'ai avancé ma main, après l'a-voir confacrée dabord par un baifer, pour lui demander la fienne, qu'elle n'a pas fait difficulté de me donner. Je l'ai preffée de mes levres. Vous ne favez pas, Monfieur, (en m'adreffant au Capitaine, avec un air de tranfport) quel heureux homme.....

Charmant couple! a t'il interrompu, les mains levées d'admiration. Quelle joie, pour mon cher ami! Ah que n'eft-il pré-fent! Vous ne favez pas, Mademoifelle, que vous êtes plus chere que jamais à votre oncle Harlove.

Je n'en suis pas moins malheureuse , a dit ma belle , de l'avoir désobligé.

Doucement , charmante , ai-je dit en moi-même ; n'allons pas trop loin là-dessus.

Le Capitaine a promis, encore une fois, de ne pas ménager ses services ; & dans des termes si agréables , que la chere personne a prié le Ciel que lui & les siens puissent toujours trouver des amis tels que lui. Elle a compris les siens dans cette prière , parce que le Capitaine avoit laissé échapper qu'il étoit pere de cinq enfans , par une des meilleures femmes & des meilleures meres du monde , dont l'excellente conduite le rendoit aussi heureux avec huit cens livres sterling , qui faisoient tout son revenu, qu'un autre l'étoit avec deux mille.

Sans œconomie , à répondu mon cher Oracle, il n'y avoit point de fortune qui pût suffire. Avec cette qualité , le plus médiocre revenu suffisoit.

Silence , silence , importune ! Ce n'est qu'à ma conscience , Belford , que ce reproche s'adressoit.

Souffrez que je vous demande , m'a dit le Capitaine , & moins par aucun sentiment de défiance que pour établir mes services sur des fondemens certains,

ſi vous êtes reſolu de contribuer avec
mon cher ami , au grand ouvrage d'une
reconciliation générale?

Je repons, Capitaine, qu'en faiſant obſerver que mon empreſſement pour cette reconciliation , avec une famille dont
je n'ai pas ſujet de louer beaucoup la
généroſité , vient uniquement de l'eſtime
que j'ai pour cette adorable perſonne,
non - ſeulement je contribuerai aux dé-
marches de M. Jules Harlove , mais je
me préſenterai dans cette diſpoſition à
M. Harlove le pere & à Madame Harlove. Je ferai plus : pour mettre en repos M. James & Miſs Arabelle , je renoncerai à toutes prétentions au bien des
trois freres , & à tout autre bien que
celui dont ma chere Clariſſe a l'obligation à ſon grand - pere. Je me trouve
fort-bien partagé , avec ma fortune pré-
ſente & mes eſpérances dans ma propre
famille ; aſſez recompenſé , ma chere
Clariſſe ne m'apportât-elle pas un ſchel-
ling de dot , par le bonheur d'obtenir
une femme dont le merite eſt ſupérieur
à tous les biens de la fortune. Ce que je
diſois , Belford , eſt auſſi vrai que l'E-
vangile. Ainſi, cette ſcéne n'avoit-elle pas
un fondement réel ?

La divine fille m'a témoigné ſa recon-

noiffance par fes yeux , avant que fes levres aient pû lui fervir à l'exprimer. O
M. Lovelace ! m'a t'elle dit ; que vous
favez bien . . . . . . Elle s'eft arrêtée. Le
Capitaine ne m'a pas épargné les louanges. Il étoit réellement touché. Pourquoi la vangeance , me fuis-je dit à
moi même , eft-elle mêlée dans mon
cœur avec l'amour ! Mais , revenant à
ma vielle apologie , ne fuis je pas le
maître , ai-je ajouté , de lui faire en
tout tems une ample reparation ? N'eft-
ce pas à préfent la faifon de l'épreuve ?
Si je pouvois feulement lui faire abandonner fes défiances ! Si je la voiois difpofée à s'abandonner à moi pour quinze
jours ! quinze jours feulement , d'une
vie telle que je l'aime ! Qu'arriveroit-
il ? Eh-bien , quoi ? . . . . . . Je ne le fais
pas trop bien. Mais enfin. . . . . .

Ne prens pas droit , Belford , de l'in-
conftance de mes idées pour me méprifer. Peut-être ne t'ai-je pas écrit deux
lettres, où tu m'aies trouvé d'accord avec
moi même. Quelle conftance demandes-
tu à des gens de notre caractère ? Mais
l'amour me rend fou. La vangeance m'é-
guillonne. Mes propres inventions m'em-
barraffent. Mon orgueil fait ma punition.
Je fuis tiré de cinq ou fix côtés tout à la

fois. Il eſt impoſſible que Clariſſe ſoit
auſſi malheureuſe que moi. Ah ! pourquoi, pourquoi eſt-elle la plus excellente
de toutes les femmes ? Cependant, ſuis-
je ſur qu'elle le ſoit ? Quelles ont été ſes
épreuves ? Ai-je eu le courage d'en
faire une ſeule ſur ſa perſonne, quoi que
j'en aie fait cinquante ſur ſon humeur ?
Aſſez de celles-ci, je crois, pour lui
faire craindre à l'avenir de me déſobliger
jamais.

Loin, loin les réflexions ; ou je ſuis un
homme perdu. Depuis deux heures,
mes inventions me rendent odieux à mes
propres yeux; non ſeulement par rapport
à ce que je t'ai deja raconté, mais pour
mille choſes dont il me reſte à te rendre
compte. Cependant je ſuis parvenu encore
une fois à m'endurcir le cœur. Ma vangeance eſt auſſi enflammée qu'elle puiſſe
l'être. Je viens de relire quelques-unes
des injurieuſes lettres de Miſs Howe.
Je ne puis ſoutenir le mepris avec lequel ces deux filles m'ont traîté.

Ma Charmante a confeſſé que notre
dejeuner étoit le plus heureux qu'elle ait
connu, depuis qu'elle a quitté la maiſon

de fon pere. Elle auroit pû s'épargner cette reflexion. Le Capitaine a renouvellé toutes fes proteftations de fervice. Il m'a promis de m'écrire comment fon cher ami aura reçu la defcription qu'il lui fera de l'heureux état de nos affaires, & ce qu'il aura penfé des articles, auffitôt que j'aurai pris la peine de les envoier. Nous nous fommes quittés avec de vifs témoignages d'une mutuelle eftime; & ma Belle a fait de vœux ardens pour le fuccès d'une fi généreufe médiation.

Lorfque j'ai reparu devant elle, après avoir conduit le Capitaine auffi loin qu'il l'a voulu fouffrir, j'ai vû regner la complaifance dans chacun de fes aimables traits. Vous me voiez deja toute autre, m'a-t'elle dit. Ah! M. Lovelace, vous ne favez pas combien j'ai cette reconciliation à cœur. Je veux effacer jufqu'à la moindre trace des facheux fouvenirs. Il m'eft impoffible de vous dire combien vous m'avez obligée. Que je ferai heureufe, lorfque j'aurai le cœur foulagé du fardeau infuportable de la malediction d'un pere! lorfque ma tendre mere, (vous ne connoiffez pas, Monfieur, la moitié du merite de ma mere, & quelle eft la bonté de fon cœur, livré à lui-même, avec la liberté de suivre ses propres mouvemens) lorsque cette chere mere prendra plaisir encore à me serrer contre son sein ! lorsque j'aurai retrouvé des oncles, des tantes, un frere, une sœur, tous empressés à me combler de caresses ! & vous-même, M. Lovelace, temoin de ce doux spectacle, reçu, vû de bon œil dans une famille qui m'est si chere.... quoique dabord, peut être, avec un peu de froideur.... Mais lorsqu'il vous connoîtront mieux, qu'ils vous veront plus souvent, qu'ils n'auront plus aucun sujet de plainte, & que vous aurez pris, comme j'ose l'espèrer, un nouvel ordre de conduite, de jour en jour l'affection ne fera plus que s'échauffer mutuellement, jusqu'à ce qu'à la fin tout le monde fera étonné d'avoir pû concevoir d'autres sentimens pour vous.

Ensuite, essuiant ses yeux de son mouchoir, elle s'est arrêtée un moment: & tout d'un coup, faisant reflexion fans doute que fa joie l'avoit conduite à m'exprimer des sentimens qu'elle n'avoit pas eu dessein de me laisser voir, elle s'est retirée dans sa chambre avec précipitation, tandis que je suis resté dans un désordre presque égal au sien.

En un mot, j'étois.... je ne trouve point de terme pour t'exprimer ce que j'étois. Je me suis deja senti fort ému dans une autre occasion. Cette Beauté toute puissante avoit deja rendu mes yeux humides. Mais de ma vie je n'ai été si vivement touché ; car en m'efforçant de vaincre ce mouvement de sensibilité, je ne m'en suis pas trouvé la force. Je n'ai pû même retenir un sanglot. Oui, je te l'avoue, il m'en est échappé un, qu'elle doit avoir entendu ; & j'ai été forcé de tourner le visage avant qu'elle eût fini cet attendrissant discours.

A présent que je t'ai fait l'aveu de cette bizarre sensation, je voudrois pouvoir te la décrire. C'étoit quelque chose de si nouveau pour moi.... quelque chose d'étouffant, qui me serroit le gozier.... Je ne sais comment cela m'est arrivé : mais quoique je me le rappelle avec un peu de confusion, je dois convenir que cette situation n'étoit pas désagréable ; & je souhaiterois de l'éprouver encore une fois, pour être capable de t'en donner une idée plus juste.

Mais l'effet de sa joie, dans cette occasion, me fait prendre une haute idée du pouvoir de la vertu, (quel autre nom puis-je lui donner ?) qui dans une ame

fi capable d'un tranſport délicat, a la
force de rendre une fille de cet âge auſſi
froide que la nege & la glace, pour
toutes les avances d'un homme qu'elle ne
hait pas. Ce doit être un effet de l'é-
ducation. Qu'en penſes-tu, Belford ?
L'éducation peut-elle avoir plus de
force que la nature, dans le cœur d'une
femme ? Non, je ne ſaurois le croire.
Mais c'eſt une verité néanmoins, que
les parens ont raiſon de cultiver l'ame de
leurs filles, & de leur inſpirer des principes de reſerve & de défiance pour notre
ſexe. Qu'il y a de ſageſſe même, à
leur donner une haute idée du leur ! car
l'orgueil, je te l'apprens, eſt un excellent ſubſtitut, dans une ame où la vertu
ne brille pas, comme le ſoleil, de ſon
éclat propre & non emprunté.

Fin de la Seconde Partie du Tome IV.

www.ingramcontent.com/pod-product-compliance
Lightning Source LLC
LaVergne TN
LVHW010940180726
843502LV00004B/1030